Vous avez un nouveau message

Direction de la publication : Isabelle Jeuge-Maynart et Ghislaine Stora
Direction éditoriale : Élodie Bourdon
Édition : Mélissa Lagrange
Conception de la couverture : Marion Alfano
Préparation de copie : Céline Haimé
Mise en pages : Nord Compo
Relecture sur épreuves : Isabelle Chave
Fabrication : Donia Faiz / Marina Dartigues Plum

ISBN : 978-2-03-604355-8

Bruno Charvet

Vous avez un nouveau message

LAROUSSE

« Nous ne sommes pas des êtres humains
vivant une expérience spirituelle,
mais des êtres spirituels
vivant une expérience humaine »

Pierre Teilhard de Chardin

Sommaire

Introduction

Il était une fois un roi et une reine qui ne parvenaient pas à avoir d'enfant. Un jour, alors qu'ils avaient perdu tout espoir de concevoir, la reine tomba enceinte et donna la vie à une ravissante petite fille. Fous de joie, les époux royaux organisèrent une fête fastueuse en l'honneur de son baptême. Outre la famille, les dignitaires étrangers et les proches amis, ils convièrent au banquet des fées-marraines. Ces dernières, comme il était de coutume en pareille circonstance, se penchèrent au-dessus du berceau et offrirent des dons à l'enfant : la grâce, la beauté, le chant, la perspicacité... Mais une fée malveillante, grande oubliée des festivités, s'irrita de l'affront qu'on lui avait fait et, s'introduisant dans le palais sans être vue, jeta un sort à l'enfant. Elle prophétisa sa mort le jour où elle se piquerait l'index sur le fuseau d'un métier à tisser. Fort heureusement, une bonne enchanteresse surprit le maléfice et parvint à l'atténuer à cent ans d'un long sommeil. Puis les saisons passèrent... À 16 ans, alors qu'elle travaillait distraitement à son ouvrage, celle qui était désormais une jeune femme se piqua le doigt et tomba endormie. Un siècle s'écoula, et des générations se succédèrent. Un beau jour, le prince d'un royaume voisin revenait de la chasse. Traversant la forêt qui s'ouvrait sous ses pas, il aperçut un château qui semblait endormi. Dans un village engourdi par un puissant sortilège, il apprit le destin funeste qui touchait la belle princesse. Parvenu au pied de son lit, il mit un genou à terre et, d'un baiser, le beau prince déjoua le maléfice et délivra la princesse. Un mariage somptueux fut célébré et, comme dans tous les bons contes de fées, les époux vécurent heureux et eurent beaucoup enfants.

Vous aurez reconnu sans peine la trame de *La Belle au bois dormant*, un conte populaire dont les versions les plus célèbres sont sans doute celles de Charles Perrault, des frères Grimm et de Walt Disney. De nombreuses interprétations en ont été données. La psychanalyse a, par exemple, voulu voir, dans le long sommeil de la jeune fille, cette période de maturation nécessaire, et parfois difficile, pour atteindre l'âge adulte. D'autres y perçoivent une école de la patience et du courage, et même une subtile préparation à l'éveil sexuel. Les contes de fées ne laissent personne indifférent.

Pour ma part, j'ai découvert au cœur de cette histoire un secret merveilleux qui doit retenir toute votre attention : comme pour la princesse, des êtres invisibles ont présidé à votre venue au monde et vous accompagnent tout au long de ce chemin qu'est votre existence. Car les fées-marraines, loin d'être des personnages imaginaires, sont en réalité des représentations imagées de ce que nous nommons les guides, les protecteurs ou les anges gardiens.

En tant que médium, je passe depuis longtemps des messages des « petites âmes ». C'est ainsi que je nomme les personnes passées dans l'autre monde. Mais je n'ai jamais parlé des guides ou des anges gardiens. Jusqu'à ce que j'en fasse moi-même l'expérience, sous la forme d'une apparition mystérieuse, un soir, lors d'un de mes nombreux voyages à travers la France. J'ai alors découvert leur existence et, depuis, ma vie n'a plus jamais été la même.

Les anges gardiens sont des envoyés de l'Amour. N'est-ce pas pour cela qu'on les identifie souvent à de petits angelots ailés, dodus, souriants ? Ils sont des messagers de paix universels. On les retrouve dans la littérature et l'art de toutes les époques et de tous les pays. Les premières traces que nous possédons d'eux remontent à plus de trois mille cinq cents ans avant Jésus-Christ, en Mésopotamie, notamment à Babylone, proche de l'Irak actuel, où il existait une mythologie complexe dont certains dieux, les « gardiens du temple », pourraient être assimilés à nos anges gardiens actuels. Platon, le philosophe grec de l'Antiquité, parlait d'un « attelage ailé » pour décrire la nature de l'âme et mentionnait le « démon » de Socrate – une sorte d'être divin, positif, qui lui soufflait des conseils et des réponses éclairés. Les païens, grecs et latins, croyaient en une multitude de dieux interagissant avec les humains. Ils s'exprimaient à travers la nature, les arbres, les rivières, la pluie, les cataclysmes. À Rome, on pensait que tout être humain possédait son « génie ». Chez les Hébreux de l'Ancien Testament puis chez les chrétiens et les musulmans, anges et archanges tiennent des rôles phares. Dans la mythologie hindoue, on retrouve les « dévas », qui protègent les hommes sur la terre.

Bref, l'histoire de l'humanité est jalonnée de la présence de ces êtres supérieurs, dont la mission varie en fonction des époques. Le sujet passionne depuis la nuit des temps. Dans la *Belle au bois dormant*, les bonnes fées ne symbolisent pas seulement la grâce, la bonté, la finesse d'esprit. Elles représentent elles aussi l'une des mille formes que la culture mondiale a données aux anges gardiens, dont la présence se fait aussi discrète que persistante.

Une immense partie de l'humanité vit dans une sorte de sommeil léthargique, sans aucune conscience des réalités subtiles. Le destin de la belle princesse, dans notre conte, est en fait celui de chacun d'entre nous. Nous naissons bénis par les guides, les anges gardiens, les fées-marraines. L'enfance est pour nous un temps où la magie continue d'exister, mais hélas, piqués par l'aiguille de l'oubli, nous tombons dans un sommeil dont la plupart ne sortiront jamais. Car tout nous pousse, avec l'âge, à rejeter ce que nous ne pouvons pas voir mais sentir. L'identification dans le seul plan matériel – le fameux « réel » – tient le monde dans une sorte d'inconscience. Elle fait croire aux hommes qu'il n'existe pas d'autre existence que celle-ci et les rattache aux biens d'ici-bas.

C'est en perdant l'innocence des premières années que se referme inexorablement l'univers de l'au-delà. Le contact est perdu, comme la fontanelle qui disparaît peu à peu au sommet du crâne des nouveau-nés. Avez-vous remarqué comme les jeunes enfants, parfois, pointent le doigt dans une direction ? Vous ne savez pas ce qu'ils montrent. Ils voient ce que tout un chacun devrait voir : des êtres, des personnages de ces autres dimensions qui leur sont encore familières. Parce qu'avant de naître, ils étaient en leur compagnie. C'est notre cas à tous, mais nul ne nous apprend à décrypter la présence des guides et à nous relier au monde invisible.

Dans le conte de la Belle au bois dormant, l'éveil, l'ouverture du cœur sont représentés par le baiser du prince charmant. Il incarne l'Amour inconditionnel, l'amour divin qui se révèle à la princesse et lui permet de sortir d'un siècle de sommeil. En un sens, nous sommes tous des endormis attendant que le doigt de l'Amour se pose sur notre front. Une telle grâce n'est pas réservée à une poignée d'élus. Tout le monde possède un guide, et vous aussi, vous pouvez découvrir cette puissance invisible et apprendre à communiquer avec votre ange gardien.

Au fil du temps, de mes vidéos, des séances dans mon cabinet et en tournée, mais aussi au fil de rencontres marquantes, j'ai appris à communiquer avec le mien. La tâche n'a pas été facile. Depuis ma tendre enfance, j'étais accompagné de ces fameuses fées-marraines. Mais je ne réalise qu'aujourd'hui tout ce par quoi j'ai dû passer pour m'en rendre compte. Cette longue expérience m'a permis de développer une méthode efficace pour enseigner aux autres à communiquer avec leur guide. C'est cet apprentissage « pas à pas » que je désire vous transmettre dans ce livre.

Il y a un côté merveilleux et même enchanteur dans la compagnie des anges gardiens. Lorsqu'on y a goûté, on voudrait toujours la sentir. Avec eux, la vie prend un sens nouveau, celui d'une formidable aventure dont vous êtes l'acteur principal. Acteur, et non plus spectateur. Les défis ne manqueront pas, mais, avec un tel allié, vous ne serez plus jamais seul.

Tout au long de cet ouvrage, nous allons passer par une série d'étapes théoriques et pratiques qui vont vous permettre d'apprendre à communiquer avec votre ange gardien. C'est une méthode simple que j'ai développée au fil de ma pratique et qui ne nécessite aucun talent, aucune disposition particulière, si ce n'est de la bonne volonté. L'apprentissage de cette relation particulière se fera à travers des habitudes, des rituels, des gestes et des pensées. Rien de compliqué. Ce sont des clés qui vous permettront de repérer la présence de votre guide dans votre vie et d'entrer en contact avec lui.

Au cours de cet apprentissage, certains rencontreront des difficultés quand d'autres, plus habitués à la spiritualité, franchiront facilement les étapes. Ne vous comparez pas aux autres. Il ne s'agit ni d'une course d'obstacles ni d'un marathon. Votre seul objectif est de vous familiariser avec l'univers angélique, à votre rythme, en inventant votre propre démarche.

N'hésitez pas à revenir sur certains chapitres, quitte à reprendre la chronologie depuis le début. Tout se fera dans la joie de la découverte. Alors si vous le voulez bien, faisons ensemble un bout de chemin pour découvrir qui est votre guide et comment communiquer avec lui.

1. Mon guide, qui es-tu ?

Quand j'étais petit, les décorations des chapelles me fascinaient. Dans l'église de village où m'emmenait mon père, à la messe du dimanche, des générations de peintres à la foi ardente avaient représenté des saints agenouillés, des vierges en prière, des colombes déposant leurs branches d'olivier, des draps, des couronnes lumineuses. Tout cela émerveillait l'enfant que j'étais. Mais en plus de ces statues immobiles, de ces croix, je m'attardais sur des personnages particulièrement mystérieux : les anges. Je m'interrogeais sur la présence de ces ailes qu'ils avaient dans le dos, leurs grandes robes à la façon de djellabas, leur posture recueillie, si douce…

Quel pouvait bien être leur rôle ?

Mon père m'expliquait alors : il y a là-haut dans le Ciel des anges, des archanges et des séraphins. Leur rôle est d'adorer Dieu et de chanter Ses louanges. Plus on monte dans la hiérarchie angélique, plus on se rapproche du Créateur.

Et pouvait-on parler avec eux ? La représentation de certains archanges, comme Gabriel ou Raphaël, me semblait plus vraie que nature. Je percevais chez ces personnages ailés, sans pouvoir me l'expliquer, un désir de communiquer avec les hommes. Cela m'attirait terriblement. J'aurais aimé connaître la façon de m'adresser à eux, de les rencontrer. Ils paraissaient si proches... Mais mon père me rabrouait : seuls le Christ, la Vierge et les saints étaient dignes de notre attention.

Avec le temps, ma fascination d'enfant s'est transformée en habitude culturelle. J'ai fini par me désintéresser de l'univers angélique. Me laissant avoir par une sorte d'indifférence, j'ai conclu que les anges n'étaient que des symboles religieux, des images, si l'on veut, et qu'ils relevaient plus de la superstition que de la vraie foi. La vie allait pourtant m'apprendre que ces représentations ne sont pas dénuées de réalité.

Rencontre avec les « petites âmes » et premiers messages

Pour comprendre ce qui m'a amené à (re)découvrir les guides ou les anges gardiens, je dois remonter à mon enfance. Tout petit, déjà, je croyais à la survie de l'âme. Le corps physique disparaît un jour, c'est sûr, mais notre âme, elle, poursuit son parcours dans un autre monde. Cette conviction intime, ancrée au plus profond de moi-même, ne m'empêchait pas de déborder de doutes et d'être terrifié par des « présences » que je ne parvenais pas à expliquer.

Dans mon souvenir, il y en avait de plusieurs types : des douces et rassurantes, des discrètes, des insistantes, des imposantes, pleines d'autorité... La nuit, ces ombres inquiétantes tentaient de me parler. Je me réveillais et, en ouvrant les yeux, j'avais l'impression de ne pas avoir dormi, d'être dans un état altéré de moi-même, un état supérieur, comme lorsqu'on a fait un sprint. Je me levais, et je les sentais me parler. Mais qu'est-ce qu'« ils » voulaient me dire ? Je ne savais pas encore relier ces manifestations à ma vie toute simple, ordinaire, celle d'un gamin de la campagne lyonnaise, pas différent des autres. C'était la cause de blocages et d'incompréhensions.

Je ne pouvais pas en parler à mon entourage : mon père m'aurait traité de superstitieux, ma mère m'aurait dit que je faisais mon intéressant, et mes frères et sœurs se seraient sans doute moqués de moi... J'ai donc très vite cherché des réponses par mes propres moyens : de culture chrétienne, j'ai commencé spontanément par la Bible, qui recelait des secrets merveilleux. Puis je me suis intéressé à l'hypnose, aux lignes de la main, à la cartomancie, à la radiesthésie, et à bien d'autres disciplines. Le temps a passé, et de rencontres en prises de conscience, j'ai découvert que ces présences étaient celles de défunts, les miens comme ceux des autres. C'était l'ombre de tous ceux qui ont franchi le seuil de l'autre monde.

Ils étaient toujours à côté de moi. Mais ils ne perturbaient pas mon existence, sauf peut-être quand ils m'invitaient à les écouter et à transmettre des messages. Quand on parle de médiumnité, on pense tout de suite à un don. À bien y réfléchir, je ne suis pas à l'aise avec ce terme. Je préfère ceux de « talent » ou d'« aptitude ». Un talent, c'est une certaine prédisposition, disons au dessin ou aux mathématiques. Mais on a le choix de le faire fructifier ou non, et pour qui veut le développer, une discipline s'impose. Et justement, pendant très longtemps, je n'ai pas voulu faire fructifier cette aptitude. Je la vivais en moi, c'est tout. Il a fallu attendre un voyage aux États-Unis pour que je ne me contente plus de sentir, mais que je *devienne* médium.

J'ai transmis un soir un message, puis je ne me suis plus arrêté. Et à mesure que je me faisais leur porte-voix, je percevais de mieux en mieux les « petites âmes », comme je les appelle. Elles ont leurs manières bien à elles de venir à ma conscience : une chaleur particulière, une sensation de coton dans l'oreille, des mots, des souvenirs qui ne sont pas les miens, l'impression qu'une partie de ma conscience se dérobe au contrôle... J'ai appris à connaître et à maîtriser ces sensations. À les distinguer de mes sentiments personnels, mais aussi des « empreintes » que les corps laissent sur terre en s'en allant.

Tout aurait pu en rester là : aux petites âmes, à leurs messages que je transmets maintenant, par métier et par vocation – et je n'aurais jamais écrit ce livre. Mais quelque chose d'autre allait bientôt forcer les portes de ma conscience et révolutionner ma vision du monde.

Une mystérieuse apparition

C'était il y a quatre ans. Je me sentais travaillé de l'intérieur. Une sensation de déséquilibre dans mon énergie, un peu en dents de scie. D'un moment à l'autre, je pouvais changer d'humeur, passer de la joie à la colère et de nouveau à la joie. Je ressentais les émotions au centuple. Alors que je dors d'habitude comme un bébé, la nuit, je me réveillais sans raison. Voilà qui ne me ressemblait pas. Et comme cela durait depuis plusieurs semaines, j'ai commencé à m'inquiéter.

J'interrogeais le Ciel. Silence radio. Les petites âmes ne me répondaient pas, aucun signe qui m'aurait mis sur une piste. Avec mes proches, j'étais mal à l'aise. J'avais l'impression de ne pas être moi-même, de vivre un dédoublement de personnalité. J'étais avec eux, bien sûr, mais *un autre moi* participait silencieusement à la conversation. J'avais l'impression de revivre mes années d'enfance, faites de solitude et d'interrogations. Heureusement, dans mon travail, la connexion avec les petites âmes demeurait intacte.

Dans cette période de turbulences, quelque chose m'interpellait particulièrement : c'était une présence différente des autres, je dirais plus « proche » de moi que celle des défunts. Cette présence, elle avait toujours été là, dès ma plus tendre enfance, à mes côtés, mais je ne l'avais jamais écoutée. Elle rayonnait différemment, elle me dérangeait de temps à autre, mais j'attribuais ce trouble à mon état intérieur. Je me disais qu'il s'agissait d'une âme plus « lumineuse » que les autres, ou de l'un de mes proches disparus, ou même d'une vibration particulière de l'univers. La plupart du temps, je la chassais de mon esprit et je n'y pensais plus, mais cette fois-ci, elle était devenue trop imposante. Je ne pouvais plus ne pas la remarquer.

J'ai eu l'intuition d'aller voir une amie magnétiseuse. Tout en pratiquant un rééquilibrage de mon corps énergétique, elle s'est dite fort surprise. Elle sentait autour de moi une présence étrange qu'elle ne s'expliquait pas, « une compagnie pacifique et dormante », selon ses termes. C'est tout ce qu'elle pouvait en dire. Voilà qui confirmait mon ressenti des derniers jours. Mon amie m'a proposé d'accueillir ce que je vivais et de m'en remettre aux petites âmes. Je suis sorti de chez elle rechargé, même si l'énigme restait entière.

Les jours ont passé, et la drôle d'impression n'a pas arrêté de croître. C'est comme si le fait d'en parler à quelqu'un lui avait un peu plus ouvert la porte. Il suffit souvent de partager avec autrui pour prendre du recul et ouvrir les yeux. J'avais envie que cette présence se manifeste, qu'elle communique avec moi.

Jamais je n'aurais imaginé qu'il puisse y avoir quelque chose d'autre que les petites âmes.

Je me suis donc laissé porter, m'en remettant comme mon amie me le conseillait aux petites âmes. L'abandon est une grande vertu. J'ai tâché de ne plus y penser et je dois avouer que j'avais presque oublié la chose lorsque, un ou deux mois plus tard, s'est produit l'inouï.

C'est un jour d'octobre. Il est trois ou quatre heures de l'après-midi. En déplacement, nous venons d'arriver à Toulouse pour une des dernières dates de notre première tournée. Le jour est blanc, des nuages très pâles occultent le ciel et donnent l'impression d'un décor de carton-pâte. Est-ce la température de l'air, humide et lourd, une vague fatigue après la route ? Je me sens absent, contemplatif, comme au petit matin d'une nuit blanche.

Tandis que nous nous garons sur le parking de l'hôtel, je sens une sorte de décrochage dans ma conscience. C'est un phénomène que je connais bien, il m'indique la présence des petites âmes qui se manifestent autour de moi. Une partie de ma conscience est projetée dans l'autre monde, très doucement, un glissement imperceptible de ma pensée vers un autre rivage. Je reste conscient de mon environnement mais j'accède à une forme de rêve éveillé. Cet état est très agréable, et, quoique je le reconnaisse aisément, il me surprend toujours un peu, comme si c'était la première fois.

Dans la voiture, seul avec Franck, ami fidèle et producteur de ma série, nous discutons des préparatifs de la soirée à venir. J'écoute d'une oreille distraite ce qu'il me dit, ses plaisanteries sur l'environnement pour le moins désertique de l'hôtel. J'entends sa voix de loin, comme si j'avais du coton dans les oreilles. Je réponds à ses boutades sans trop réfléchir, par réflexe.

D'ordinaire, c'est à ce moment de « suspension » que je reçois des premiers messages. Mais cet après-midi-là, je ne vois rien de tel. Aucune information n'affleure à ma conscience. Quelque chose de différent est en train de se passer. Un vide profond se crée en moi, une impression d'être tiré en arrière qui ne va pas sans m'inquiéter.

Mais je n'en ai pas le temps. Tout à coup, une puissante énergie se dégage de mon plexus solaire. Un halo se forme et se dédouble de moi. De l'autre côté de la rue, au travers du pare-brise, j'observe une même énergie qui émane d'une sorte de vortex. Pâle, très douce. Mes membres sont engourdis, je peine à me mouvoir. Je suis tout absorbé par ce qui m'arrive.

C'est alors que trois personnages font leur apparition. D'abord indistincts, ils se précisent, quittent le vortex, se détachent enfin. Ils flottent légèrement au-dessus du sol mais cela ne ressemble pas à une lévitation. C'est le surgissement d'un autre niveau de réalité, parallèle. Comme si l'on avait superposé deux images, la mienne et la leur.

Je les observe, interdit.

Un des personnages est grand, d'âge mûr, et porte une courte barbe. Avec son air majestueux, son autorité naturelle, il me fait penser au roi de cœur des cartes à jouer. C'est ainsi que je le nommerai désormais, le « Roi de Cœur ». À ses côtés, l'un à gauche, l'autre à droite, se tiennent deux enfants, un peu en retrait. Tous les trois arborent une longue djellaba. Blanche, cintrée à la taille par une cordelette d'argent, elle ne fait qu'un avec leur corps. Autour de leur tête scintille une couronne de laurier blanc. Des cheveux argent leur tombent à mi-épaule et une aura bleue flotte au-dessus de leur tête, comme une crête.

Ils sont beaux, j'ai envie de leur ressembler, ou plutôt de leur prendre la main et de demeurer parmi eux. Je sens qu'à leur contact, je serais une meilleure personne car ils ne voient que le bien en moi. Tout chez eux respire la bienveillance, et je sais que leur paix n'est pas de ce monde, qu'elle est trop franche et absolue pour appartenir à l'univers des hommes.

Ce ne sont pas des petites âmes.

Je le comprends d'un coup tandis que le Roi de Cœur et ses deux chérubins infusent en moi. L'expression me fait sourire. Je pense à de l'eau claire se teintant des feuilles précieuses d'un thé rare. Cette infusion me remplit d'une énergie nouvelle. Elle déplie toutes les tensions accumulées depuis des mois. Les questionnements, les inquiétudes, le poids sur le cœur : tout cela se dissout en une vapeur libératrice. Par un phénomène inexpliqué, je réalise que ces êtres savent tout de moi, de ma vie, de mon histoire. Je me sens soudain aimé éternellement pour moi-même !

Ils me regardent tous les trois, intensément. De la nuée proviennent des paroles : « Tout est amour. Soutiens ceux qui cherchent leur guide, nous t'y aiderons. » Cette phrase, d'une pureté cristalline, je l'ai reçue comme un cadeau de grand prix. Elle vient couronner cette vision féérique. Un mot monte à mes lèvres : « Merci. »

De loin, de très loin, j'entends les rumeurs de la ville. Je reprends petit à petit conscience de mon environnement. Comme un automate, je sors de la voiture, m'apprête à récupérer mes affaires dans le coffre, et je détache mon regard quelques secondes de cette vision surnaturelle.

Le temps de reprendre le contact visuel, les trois personnages ont disparu et, un instant plus tard, se dissipent les effluves de cette mystérieuse apparition.

Retour à la réalité et nouvelle mission

Revenir à soi après une telle expérience n'a pas été facile. Je nageais en plein rêve. Comme lorsqu'on sort d'une anesthésie, j'ai eu du mal à reprendre mes esprits. J'avais l'impression d'avoir vu un film fantastique au cinéma et d'être rendu à la vie ordinaire, sous la lumière crue d'un jour d'automne. Je trouvais la réalité fade, j'avais envie de retrouver ce nuage d'amour où je m'étais senti si bien. « Pourquoi ne pas m'avoir emmené avec vous ? » leur ai-je demandé au fond de moi. Le sentiment de plénitude était si intense que le retour à l'ordinaire m'a été pénible.

J'ai gardé cette rencontre enfouie dans mon cœur. J'étais encore incapable d'en parler. Ce n'est que plus tard, en prenant quelques jours de repos, que mes idées se sont éclaircies. J'ai pris un papier et un stylo, et j'ai reproduit le plus fidèlement possible tout ce qui m'était arrivé.

C'est une expérience mystique, mais bien réelle. De celles qui vous marquent à vie. Au cours de cette apparition, j'ai entraperçu la Lumière. La même que celle dont parlent les personnes qui ont vécu une expérience de mort imminente. Tout concorde avec ces témoignages : la pureté de ceux qui vous accueillent, la béatitude, le sentiment d'avoir rejoint une terre promise, l'envie de rester, de ne jamais redescendre… Dans cette vision, j'ai approché pendant quelques minutes une dimension supérieure à la nôtre. Un coin du voile a été levé. Mais je n'étais pas destiné à en savoir plus. Juste assez pour témoigner de la lumière et comprendre la mission qui m'était proposée : aider toute personne désireuse de connaître son ange gardien à le rencontrer.

Car j'ai très vite compris de qui il s'agissait : de mon guide. Mon guide personnel, comme vous avez le vôtre, comme tout être humain possède le sien. Et dire que j'avais passé tout ce temps à côté de lui sans le voir ! Était-ce possible qu'il ait attendu toutes ces années pour se manifester ? Un nouvel univers s'ouvrait à moi, une nouvelle énergie.

Qui sont-ils ?

Un détail de ma rencontre me revenait en mémoire : cette aura bleue flottant au-dessus de leur tête, cette crête de feu bleu qui distinguait radicalement ces êtres immatériels des petites âmes. C'est la marque des anges gardiens. Ils appartiennent tous à la même énergie, mais ils se présentent à nous sous des formes infinies. Je les vois comme à l'intérieur d'une immense ruche, évoluant par essaims. Chacun a un rôle bien déterminé et l'accomplit avec joie. Parmi eux, il y a les accompagnants : ils s'occupent de l'accueil des « nouveaux venus », c'est-à-dire des personnes ayant quitté notre monde. D'autres procurent des soins spirituels, aidant les novices à quitter leur manteau de chair. D'autres encore forment des relais entre différents niveaux, car tous n'évoluent pas dans les mêmes sphères. Il y a des soigneurs, qui réparent les blessures infligées au corps et à l'âme, des prieurs, qui intensifient le niveau vibratoire de notre réalité. Ils sont une multitude et à la fois, ils ne forment ensemble qu'un seul et même être.

Parmi eux se trouvent les guides de vie, ceux que nous nommons communément « les anges gardiens », qui ont vocation à se manifester aux êtres humains pendant la durée de leur existence terrestre. Les guides de vie ne sont pas des êtres qui ont vécu sur terre. Ils ne se sont pas incarnés comme vous et moi, nos proches, ou tous les êtres de ce monde. Les anges gardiens sont des manifestations supérieures de l'énergie cosmique. On peut les entendre, les comprendre, les sentir. Nous pouvons leur parler. Ils sont comme la conscience de l'univers.

Toute personne peut entrer en contact avec son guide.

On croit d'ailleurs souvent que nous n'en avons qu'un seul, mais ce sont nos habitudes de représentation qui s'expriment : car nous pouvons avoir plusieurs guides à la fois, comme n'en avoir qu'un seul. Et leur manière de se manifester, que l'on pourrait appeler leur « personnalité », peut varier au cours de notre vie. Tout est possible.

Si un guide prend diverses formes, c'est qu'il réagit à nos propres perceptions. Il évolue en fonction de nos vibrations, de notre degré d'énergie. Aussi, il paraît déplacé d'évoquer l'âge d'un guide. À notre niveau, ce serait l'éternité. La raison de leur présence parmi nous, c'est d'être une aide et un soutien. Peu de gens leur prêtent attention et la plupart du temps, les anges gardiens agissent dans le plus grand secret. Ils se laissent approcher comme le ferait un animal sauvage.

La comparaison s'arrête là. Ils ne nous craignent pas dans le sens habituel du terme. Mais leur énergie est très subtile et, comme les oiseaux, ils peuvent disparaître de notre conscience à la moindre agitation intérieure. C'est pourquoi, lorsqu'on se met en relation avec eux, notre esprit doit trouver un certain calme pour les accueillir. Ce sont des êtres d'une grande intelligence et c'est à nous d'élever notre conscience pour les atteindre. Leur autorité ne vient pas d'eux mais d'un Être supérieur. Ils sont les relais de l'énergie divine. Ils sont l'Unité, la Lumière et la Vie.

Guidances

Pour transmettre les messages des guides, j'ai commencé par poster quelques vidéos sur YouTube, notamment à des périodes charnières, comme la nouvelle année. Et j'ai trouvé cela très vivifiant car j'avais l'impression de redistribuer un peu de leur énergie (même s'il y a certainement des déperditions !).

Les messages, les intuitions que transmettent les anges gardiens se nomment des guidances. Une guidance, qu'est-ce que c'est ? J'ai envie de répondre en premier lieu par ce que ce n'est pas. Il ne s'agit pas de prédictions ni de prévisions, pas davantage de voyance. Il ne s'agit pas non plus des mêmes messages que ceux des petites âmes, qui elles ont plutôt tendance à dénouer des nœuds dans l'identité ou dans les histoires familiales, ou à libérer les vivants de leur passage sur terre. Une guidance, c'est un message qui se rapporte à une situation particulière que nous vivons à un moment donné : changement de travail, rupture, déménagement, événements de toutes sortes qui nous questionnent. Des moments de doute, d'inquiétude, mais aussi de joie, de réjouissance, de projet. Sommes-nous dans la bonne direction ? Faisons-nous les bons choix ? Sommes-nous en cohérence, alignés avec nous-mêmes ?

C'est dans ces moments particuliers que l'on peut ressentir le besoin de contacter son guide. Pour autant, ce dernier ne joue pas le rôle de parent ou de tuteur : il ne vit pas à votre place ! Ce n'est pas non plus le génie de la lampe que l'on convoque quand on en a besoin… Chacun a son chemin, sa trajectoire de vie. Il se peut que vous traversiez des moments de solitude, ou de fortes turbulences, ou alors que vous viviez les plus beaux moments de votre vie. À chacun de ces moments, il y a un guide qui veille sur vous et qui vous attend.

Il y a quelque temps, j'ai relevé un commentaire sur TikTok qui m'a ému et fait sourire en même temps. Un jeune abonné qui se passionne pour la spiritualité m'a demandé tout de go s'il pouvait connaître l'identité de son guide : d'où il venait, sa mission, si c'était un homme ou une femme, et dans quelle partie de l'univers il vivait. Les questions étaient précises !

Ne pensez pourtant pas trop vite qu'un guide se présentera à vous en vous donnant son matricule, ses états de services et la raison de sa venue dans votre vie ! Tout cela est plus subtil et demande un peu plus d'implication personnelle.

Il n'empêche : vous aurez de belles surprises en vous familiarisant avec eux, et votre vie prendra un tournant inattendu. Un tournant qui s'appelle bonheur, promesse, libération. Alors, voyons ensemble comment vos sens et votre esprit interagissent avec votre âme pour produire la connexion avec votre ange gardien.

Objectif 1

Approcher l'univers de son guide

1. Avant même de le connaître, imaginez votre ange gardien. Spontanément, quelle description en feriez-vous ? Quelles images avez-vous des guides ? Avez-vous déjà été touché par leur présence ? Avec vos mots, faites-en un portrait : qu'est-ce qu'un guide pourrait vous inspirer ? Calme ? Tendresse ? Crainte ? Ces bases vous permettront de stimuler votre intuition.

2. Tenez un carnet de bord. Ce sera le fil rouge de votre apprentissage. Il est personnel et ne regarde que vous. Notez-y les sensations que vous avez, les souvenirs qui vous viennent à l'évocation de l'univers angélique. Associez-y vos émotions, les moments que vous traversez à différentes périodes de votre parcours, vos rêves. Voyez si, déjà, vous avez ressenti à des instants cruciaux la présence de votre ange gardien. Comment avez-vous vécu ces événements proches ou lointains ? Physiquement et émotionnellement ?

2. Les pieds sur terre… et la tête dans les étoiles

Communiquer avec les guides, c'est percevoir la Présence. La Présence irrigue tout. Elle est un lien énergétique qui nous relie à l'univers et qui fait que nul n'est seul dans ce périple qu'est l'aventure humaine. Nous pourrions l'appeler « l'espace entre les lignes ». Lorsque vous écrivez sur une feuille de papier, les mots ne sont pas tout attachés. Il y a de l'espace, une sorte de respiration entre eux. Sans ces vides, l'écriture serait incompréhensible. Nous ne verrions que des traits ou des points. Telle est la Présence : cet espace entre chaque chose dans le texte de l'univers. Le vide apparent est en fait saturé d'énergie. Et ce que vos yeux ne voient pas, votre cœur, votre vision intérieure peut vous le faire entrevoir. Je paraphrase ici la célèbre citation de Saint-Exupéry selon qui l'essentiel est invisible pour les yeux.

Les scientifiques sont unanimes sur ce point : au plan moléculaire, une table, une chaise, un canapé, jusqu'à votre propre corps, pour solides qu'ils apparaissent, sont davantage constitués de vide que de matière.

L'espace entre les molécules est plus grand que ce qui les réunit. Et cela est vérifiable au niveau astronomique. Les étoiles, les galaxies, les supernovae sont environnées de vide... ou de Présence, tout dépend du point de vue ! C'est précisément au cœur de ce « vide » qu'évoluent les anges gardiens.

Un monsieur rencontré par hasard m'a raconté un jour la découverte de son guide. Grand voyageur, Jean s'était rendu au sanctuaire de Lourdes, au Mur des lamentations à Jérusalem, au temple de Borobudur, à Java, l'un des plus fameux sanctuaires bouddhistes au monde, et dans de nombreux autres lieux de pèlerinage. À chacun de ces voyages, il disait avoir ressenti une grâce, une bienveillance, une connexion exceptionnelle et douce avec l'autre rive. Jean avait longtemps attribué cette Présence au sacré, mais il avait fini par comprendre que c'est à travers elle que son ange gardien lui parlait. Le voyage autour du monde s'était prolongé dans un voyage intérieur.

Chacun est relié à son être de lumière. C'est votre cas aussi. Il vous revient d'aller à lui en conscience, de le chercher en toute chose. Commencez dès maintenant à lui parler. Adressez-vous à lui, simplement, avec tout votre cœur. Peu importe que vous ayez une réponse pour le moment. Cela viendra en son temps. D'ailleurs, il vous a certainement envoyé des signes, mais vous ne les avez pas encore relevés. Ou vous ne saviez pas à qui les attribuer. Donnez-lui un nom si vous voulez, une étiquette, peu importe.

Si cela peut vous aider à le personnaliser, c'est une bonne démarche.

Mais n'allons pas trop vite en besogne. Pour l'heure, il est indispensable que nous abordions deux notions qui vous serviront pendant tout votre apprentissage, et dont la compréhension vous permettra d'entrer plus facilement en relation avec votre guide : le Petit Moi et le Grand Moi.

Bien que vous soyez une seule et même personne, il y a en vous deux dimensions, deux axes : le premier est vertical, le second horizontal, comme une croix. Cela vous rappellera peut-être les cours de mathématiques, avec les abscisses et les ordonnées. La partie horizontale, c'est ce que je nomme le « Petit Moi » et la verticale, c'est le « Grand Moi ».

Le Petit Moi

Notre part matérielle

Il s'agit de vos structures mentales, vos tendances, votre personnalité, votre rapport au monde, vos goûts, vos opinions. Cette dimension est celle de votre condition matérielle. C'est la partie concrète de votre vie, celle qui vous relie à la nature : votre être périssable. Le Petit Moi est modelé par l'existence. C'est la somme de tout ce que vous avez reçu, depuis votre enfance jusqu'à aujourd'hui, de tout ce que vous avez vécu. Il y a donc votre part innée (votre bagage à la naissance, génétique, familial, etc.) et la part acquise (l'expérience, l'apprentissage, ce que vous faites de votre vie).

Si l'on voulait l'illustrer par une métaphore, le Petit Moi serait tous les fils qui, dans le tissu de la matière, relient les êtres et les choses entre eux et leur permettent d'interagir. Ne sommes-nous pas des êtres de chair ? Êtres incarnés, nous avons besoin de ces automatismes corporels et sociaux pour nous maintenir en vie : sans eux, nous nous laisserions bêtement mourir. Le Petit Moi est donc le côté « mécanique » du vivant, tout ce qui nous permet de nous ancrer dans la réalité, le physique. C'est lui qui vous permet de lire ces lignes, d'en comprendre le sens et ensuite d'archiver, en quelque sorte, les leçons que vous apprenez. Avec le mental, vous préparez de délicieuses recettes de cuisine, vous mémorisez le Code de la route ou bien la façon de vous habiller le matin. La plupart du temps, toutes ces choses que vous avez apprises depuis l'enfance sont devenues des réflexes. Vous n'y prêtez guère attention et, pourtant, ces réflexes façonnent votre vie de façon plus ou moins heureuse. Je me rappelle qu'étant petit, j'avais de grandes difficultés à lacer mes chaussures. Ma sœur avec qui je partageais ma chambre ne se lassait pas de me montrer et de me remontrer l'exemple pour former une boucle. Las ! j'ai appris à ma manière, une façon toute particulière, et, aujourd'hui encore, j'ai le réflexe de lacer mes chaussures comme lorsque j'étais enfant. Nous obéissons tous plus au moins à des automatismes issus des premiers âges.

Quand le Petit Moi nous bloque dans notre vie

Les problèmes surviennent lorsque les structures mentales, celles de votre Petit Moi, au lieu de vous servir, vous enferment dans un carcan et gouvernent votre vie. Un échec professionnel, une déception amoureuse, une déconvenue financière... et voilà que toutes vos certitudes s'ébranlent. Elles remettent en question l'image que vous avez de vous-même. Ces épreuves rappellent des souvenirs de blessures anciennes et profondes.

Si vous avez la chance d'être bien entouré, vos proches pourront vous soutenir et vous accompagner. Mais, insidieusement, le mal est fait, et vous vous raidissez. Plutôt que de rebondir et de vous aider de l'expérience que vous avez dans tel ou tel domaine, votre esprit élabore mille scénarios catastrophes et finit par vous enfermer dans une citadelle. Des nœuds solides s'ajoutent à des complexes existants et compliquent la tâche. Malgré la meilleure volonté du monde, le piège s'est refermé. Vous êtes bloqué.

Souvent, je suis sollicité pour répondre à des situations d'urgence, où une personne est prisonnière de son mental, de ce Petit Moi inquiet qui enfle, qui enfle... Les guides sont des aides précieuses pour ouvrir une brèche, une issue opportune. Dans ces moments-là, il est très difficile de « débrancher » un mental qui galope comme un cheval enragé. J'en veux pour exemple l'histoire qui suit.

Martine est venue me voir à l'automne dernier. J'avais ouvert la fenêtre pour laisser la douceur de l'air pénétrer la pièce. Mais pour ma cliente, le temps était trop doux, ce n'était pas normal, et cela créait chez elle des angoisses profondes, un état d'anxiété qu'elle ne comprenait pas. Il lui était impossible de profiter de la caresse du vent. Pour elle, les saisons devaient être bien définies, et le dérèglement climatique si souvent annoncé la paniquait. De nombreuses personnes, il est vrai, souffrent d'un véritable désarroi en songeant à l'avenir de la planète, de l'espèce humaine, et l'inaction des dirigeants est régulièrement pointée du doigt.

Comme je voulais lui parler de sa maman décédée, elle m'a arrêté tout de suite. Leur relation avait été houleuse. Petite, elle avait été surprotégée par sa mère. Arrivée à l'âge adulte, elle avait encore subi sa possessivité, une tendance quasi maladive de cette dernière à l'enfermer dans des schémas impossibles. Toutes les occasions étaient bonnes. Martine se sentait épiée et n'avait jamais vraiment pu construire sa vie. Que de dégâts sont occasionnés par un déficit relationnel !

Elle était formelle : pas question que sa mère vienne encore l'envahir. « Cette séance est pour moi », me dit-elle, bien décidée à ne pas se laisser engloutir. Son Petit Moi était blessé, écorché. Il cherchait désespérément une issue mais plus elle luttait, plus elle se raidissait.

J'étais désarmé. C'était l'impasse. Que faire ? Écourter la séance ? Martine était en plein désarroi. Impossible de la laisser partir ainsi dans la nature. Manifestement, elle attendait beaucoup de notre rencontre.

J'ai alors fermé les yeux, pris une profonde respiration, ouvert un espace à l'intérieur de mon esprit. Et dans ce petit intervalle, j'ai prié le Roi de Cœur, mon guide : « S'il te plaît, aide-moi à délivrer Martine de sa souffrance. » Pendant quelques secondes, j'ai attendu, doutant d'une réponse qui tardait à venir.

Puis j'ai reçu un léger frémissement, à fleur de peau, à peine un frisson. L'impression d'un train qui se remet en marche. « Elle aussi a un guide, dis-le-lui. » Obéissant à l'injonction, j'en ai avisé ma cliente. Non, ce n'était pas sa mère qui était là. C'était son guide.

Puis des mots en cascade : « Ne t'inquiète pas du temps qu'il fait ou qu'il fera demain, dans notre monde il n'y a plus de saisons. »

Un nouveau moment de silence, dense mais plus léger, s'est installé. Et Martine a souri. Timidement d'abord, puis avec franchise. Un soleil radieux illuminait désormais sa face. « Bruno, avec vous, je viens de comprendre que je ne suis pas seule, me dit-elle. Qu'il y a une autre réalité que je n'osais pas approcher.

Comment savoir, lorsqu'on est seule avec sa souffrance, qu'il y a des bonnes fées ? Comment en être sûre ? Avec ce rendez-vous, je sais. »

Martine m'a expliqué qu'à travers le dérèglement des saisons, elle sentait la propre anxiété de sa mère face à l'avenir, anxiété chronique qui avait infusé dans l'esprit de sa fille. Le message de son guide l'avait rassurée et l'incitait à aborder les changements de saison – en réalité l'avenir –, plus sereinement. Aujourd'hui, Martine prie régulièrement son guide. Elle se confie à lui et accueille les signes qu'il lui envoie. Elle confie également sa mère aux anges, afin que leur relation soit réparée et apaisée. Quant à moi, j'ai gardé un souvenir, un goût tout particulier de cette séance, première d'une longue suite de guidances.

Marguerite Yourcenar disait : « La plupart des moments de notre vie seraient délicieux, si l'avenir ou le passé n'y projetaient leur ombre, et nous ne sommes malheureux d'ordinaire que par souvenir ou par anticipation. »

Le Petit Moi peut vite faire de votre vie un enfer. Il a besoin de contrôler, de maîtriser, d'anticiper… Mais la vie échappe à tout contrôle et réserve toujours des surprises. En y réfléchissant, pouvez-vous affirmer que tout dans votre vie s'est déroulé comme vous l'aviez prévu ? Non, bien sûr. Vous avez dû vous adapter, vous recentrer, modifier vos choix, renoncer ou vous contenter de ce que vous aviez, parfois. La vie n'est pas un long fleuve tranquille.

Or les inquiétudes, les projections sur l'avenir ou sur un passé qu'on ressasse en boucle, tout cela rend plus difficile la relation avec votre guide. Car celui-ci ne se situe pas dans les méandres de la mémoire, pas plus qu'il n'évolue dans un avenir incertain. Votre guide est ici, maintenant, à ce moment précis où vous lisez ces lignes. Suspendez un instant votre lecture pour écouter sa Présence silencieuse mais certaine.

Imaginez que vous êtes à l'aéroport. Le ciel est très bas, vous allez embarquer. L'avion prend de la hauteur et vous passez par une imposante épaisseur de nuages. C'est un véritable brouillard, et vous ne voyez rien d'autre que la vapeur des cumulus. Vous êtes inquiet, l'appareil est agité par d'importantes secousses et, déjà, votre mental envisage le pire. Si c'était ma dernière heure ? L'appareil pourrait s'écraser. Cette pensée s'incruste, elle s'empare de vous. Tempête sous le crâne ! Pourtant, vous n'avez aucune raison de stresser. Bientôt l'avion dépasse la zone agitée et trouve sa vitesse de croisière. Vous vous trouvez stupide, encore une fois vous avez eu une réaction excessive. Voilà un des réflexes que votre mental, votre Petit Moi affectionne. Vous pouvez déjà le reconnaître. En devenant un peu plus conscient de ses travers, vous vous dégagez de son emprise. Vous prenez un peu de hauteur, et vous pouvez en rire, comme dans l'exemple ci-dessus. Le rire est une excellente façon de décrocher d'un mental anxieux.

Le Grand Moi

Notre part spirituelle

Reprenons notre schéma. Sur l'axe vertical de l'être humain, on trouve le Grand Moi. Il est la part spirituelle de votre être. Au milieu de l'agitation générale, votre Grand Moi reste serein. Vous le reconnaissez à chaque fois que vous avez une intuition. L'intuition échappe à toute règle, elle est libre comme l'oiseau qui chante. Elle est reliée à votre ange gardien, c'est votre part qui ne meurt jamais, même après la disparition du corps. Cet espace est la partie non encore manifestée de vous-même. Votre potentiel, ce que votre Âme (un autre mot pour le Grand Moi) désire accomplir. Il peut s'agir de votre évolution professionnelle, comme de rencontrer la personne de votre cœur. Tout ce que vous portez de grand, d'essentiel en vous, c'est lui.

Le monde invisible est l'énergie spirituelle et créatrice, la partie noble de l'être. On peut la voir comme une source de montagne. Une eau d'une pureté cristalline s'en échappe sans se soucier du temps ou de la volonté des hommes (le Petit Moi). Elle irrigue les pâturages et les bêtes viennent s'y abreuver. Ici, votre être profond respire.

Le Grand Moi s'exprime lorsque vous êtes soudain éclairé d'une intuition. Sur la route, vous décidez de prendre un chemin différent, et vous réalisez plus loin combien vous avez été inspiré. D'importants bouchons ont bloqué ceux qui ont pris la route habituelle. C'est encore lui qui se manifeste alors qu'à la radio passe la chanson préférée de votre mère partie trop tôt. Vous pensiez à elle l'instant d'avant en cuisinant une de ses recettes et soudain l'invisible se met à votre portée. Votre histoire est jalonnée d'incursions de ce genre dans votre réalité. Autrefois, on appelait cela des interventions divines, mais il me semble beaucoup mieux d'y voir des connexions subites entre le Grand Moi et la Présence, votre âme et l'énergie de l'univers.

Le Grand Moi est ce qui vous rend unique, original. C'est ce qui vous relie au ciel, aux âmes, aux anges, à tout ce qui est invisible à nos yeux mais aspire à se manifester à nous. On pourrait dire autrement que le Petit Moi nous unit aux hommes et aux choses, là où le Grand Moi nous joint à l'humanité et à la nature tout entière.

Certains esprits se prétendant « rationnels » affirment que seul le Petit Moi existe : la meilleure preuve de cette opinion serait que nous pouvons vivre toute une vie sans nous préoccuper le moins du monde du Grand Moi. Mais ils se méprennent : si le Petit

Moi est aussi important, c'est parce qu'il nous permet directement de nous maintenir en vie, mais cela ne veut pas dire que le Grand Moi n'a pas d'existence, et n'est pas la dimension la plus importante de notre être. Car une fois que nous prenons nos distances avec le Petit Moi, nous nous apercevons que c'est le Grand, et lui seul, qui donne son sens à l'existence.

Ainsi, la plupart des humains s'accrochent dur comme fer au Petit Moi et à ses effets souvent aliénants et délétères. Ils ont oublié leur nature première, celle d'êtres spirituels. Combien de guerres, de conflits en tous genres au nom d'une fierté, d'un orgueil mal placé ! Fruits d'un mental déréglé, boursouflé, assoiffé de contrôle. Mais également signe d'une personnalité blessée. Le « Livre de la Sagesse », dans l'Ancien Testament l'exprime ainsi : « Les réflexions des mortels sont incertaines, et nos pensées, instables ; car un corps périssable appesantit notre âme, et cette enveloppe d'argile alourdit notre esprit aux mille pensées[1]. »

N'est-ce pas le grand empêchement ? Celui de nos yeux qui ne voient pas, qui se refusent à voir ? Le Grand Moi ne cherche pas à prouver quoi que ce soit. *Il est.* Il vous invite à vous centrer sur lui. Élevez votre cœur, faites de l'espace et vous ressentirez ce guide qui n'attend que de parler à votre part spirituelle.

---

1. Chapitre 9.

Le cas de Michel

Il est très significatif de l'avènement du Grand Moi. Très sceptique de nature, Michel était venu me voir l'année dernière, agité et anxieux à l'idée de faire une séance. Sa sœur, qui m'avait déjà consulté, lui avait chaudement recommandé un entretien avec moi.

À son arrivée à mon cabinet, j'ai découvert un homme au visage tendu et fermé, habité par une grande lassitude. De toute évidence, Michel souffrait. Il se sentait incapable de dire un mot, et c'est moi qui, une bonne partie de la séance, alimentais notre conversation.

En soi, ce trait n'est pas rare : quand on me consulte, on s'attend à ce que j'occupe la majeure partie de l'entretien, même si les échanges se font ensuite naturellement. Il est très important pour moi, surtout en début de session, d'exprimer mes ressentis et mes visions, avant même que l'on m'expose ses questionnements, afin que je garde la fraîcheur des guidances à transmettre.

Assez vite, j'ai ressenti une présence maternelle autour de Michel. Sa mère était décédée depuis une quinzaine d'années. Mais après cette première sensation, j'ai réalisé que je n'avais pas affaire à elle. Non pas que je la délaissais, mais une force plus grande, plus enveloppante a pris les devants dans mes sensations. Cette énergie m'a traversé et, comme si elle avait chevauché mes paroles, a pénétré dans l'âme de Michel. Des mots, puis des phrases se sont formées dans mon esprit et je lui ai dit tout de go : « Le périple arrive à son terme. Ton jugement s'est altéré, tu as tout consacré à ton passé. Désormais, tu es libre ; nous prenons soin d'elle. Vis ta vie ! » Son guide avait parlé.

Il y a eu alors un moment en suspens, hors du temps. Mon interlocuteur ne disait plus rien. Il a ouvert grand les yeux et m'a regardé bouche bée. Le message semblait si puissant pour lui qu'il lui a fallu quelques instants pour l'ingérer. Et, soudain, mes paroles ont semblé avoir atteint leur but. Une lueur, un déclic ont passé dans ses yeux. Michel a alors éclaté en sanglots. Que d'années il avait passé aux côtés de sa mère, jouant tantôt le rôle d'infirmier, tantôt celui de mari ! Exclusif jusqu'à persuader son unique sœur de rester en dehors de cette relation. Jusqu'à ce moment fatidique où sa mère lui avait échappé, happée par la maladie et la mort.

Ce n'était plus l'adulte qui se tenait devant moi, mais l'enfant, le petit garçon blessé par la perte de sa mère. Un être fragile, défait par le deuil. Michel et sa mère, quelle histoire ! Il m'en a dit sur cette relation… fusionnelle, exclusive, impossible. Toute sa vie s'était construite autour d'elle. À son départ, il est resté démuni, hagard, inconsistant. Durant quinze longues années. Peut-on imaginer douleur plus vive ?

Michel s'était laissé enfermer dans son Petit Moi, celui du repli sur les souffrances passées, sur l'attachement d'un ego refusant la nouveauté et la vie. Il avait vieilli dans une forme de misère morale, refusant d'avancer, de changer, campant sur ses vieux modèles. Comment aurait-il pu se connecter à son Grand Moi au milieu de tant de souffrances ?

Quand il s'est un peu apaisé, j'ai dit à Michel mon ressenti face à ce message un peu énigmatique. Par mon truchement, son guide l'avait encouragé à sortir de sa zone d'ombre, à accepter le départ de sa mère et, dans la certitude qu'il la retrouverait dans l'autre monde, à reprendre sa vie en main, enfin. J'ai aussi compris pourquoi c'est le guide qui s'était manifesté et non sa mère. Un peu comme dans l'histoire de Martine, entrer en contact avec elle aurait ravivé les vieux liens défaits par la mort. Et cela n'aurait fait qu'entretenir la morbidité de notre ami. J'ai informé Michel que c'était son guide qui venait le rassurer. Une autorité supérieure, toute spirituelle lui enjoignait de reprendre sa vie en main et d'accepter le détachement. Puisqu'on s'occupait d'elle et qu'elle était dans la paix, il avait le devoir de penser aujourd'hui à lui-même.

Depuis notre séance, Michel a repris des couleurs. Il m'a adressé un très gentil mot la semaine dernière. Il me dit qu'il se met souvent en état de méditation, ce que son esprit agité lui interdisait auparavant. Il peut écouter à nouveau de la musique et jouer du piano, une activité qu'il s'était refusée depuis la disparition de sa mère. Il s'est mis à écouter son Grand Moi, il s'est rendu disponible au monde invisible. Il chemine désormais avec son ange gardien.

Le Petit Moi est ainsi votre part terrestre. Elle est indispensable à la vie, mais elle peut aussi vous jouer des tours, comme à Michel et Martine. Le Grand Moi est votre part céleste, celle qui vous relie à la Présence, à tout ce qui compose l'univers. C'est donc ce Grand Moi, naturellement, que nous allons rechercher ensemble. Cultivé, il se transformera en sésame et vous permettra d'entrer en communication avec votre ange gardien.

Beaucoup de courants de pensée et, d'une façon générale, la science ont opposé le Grand et le Petit Moi, comme s'ils ne pouvaient coexister. Rien n'est moins faux. Les guides nous invitent au contraire à allier ces deux parts de notre être. Une métaphore pourrait l'illustrer : garder les pieds sur terre, tout en ayant la tête dans les étoiles. Sans abandonner le Petit Moi, cultivons le Grand.

Maintenant que nous avons compris cette vérité fondamentale, nous allons pouvoir progresser dans la communication. Cette progression ne peut se faire d'un coup. Il existe des repères qui vous permettront d'y accéder. Et le premier d'entre eux est l'attention.

Objectif 2

Distinguer si c'est votre mental ou votre intuition qui est à l'œuvre

1. Repérez dans la journée les moments où vous ressassez. Prenez conscience dans ces moments-là que c'est votre mental qui vous fait tourner en bourrique. Puis lâchez prise, c'est-à-dire abandonnez l'envie de contrôler. Notez ce qu'il se passe, ce que vous ressentez en vous relâchant. Est-ce facile, difficile, impossible ? Et pourquoi ?

2. Quand vous disposez d'un moment pour vous, pensez à un projet, quel qu'il soit. Ce peut être d'aller voir votre tante, de déménager, d'envisager un voyage en amoureux. Comment vous sentez-vous en construisant mentalement ce projet ? De quelle façon allez-vous le mettre en œuvre ? Quelle date vous semble la meilleure ? Secrètement, que dit la petite voix ? Que vous dicte votre intuition ? Ressentez-vous ce projet comme facile à organiser, fluide ? Ou au contraire difficile à mettre en place ? Quelle est la part, selon vous, de votre intuition à ce moment précis ? De votre ego ?

3. À plusieurs moments de la journée, prenez une profonde respiration. Fermez les yeux quelques secondes. Durant ce court instant, sentez la Présence en vous et autour de vous. Visualisez un point précis, le plexus solaire par exemple, et laissez-la se diffuser en vous. Répétez cette expérience aussi souvent que possible.

4. Fermez les yeux et mettez vos mains à plat sur vos jambes. Puis inversez les positions : main gauche sur la cuisse droite, main droite sur la cuisse gauche. Comment votre cerveau réagit-il ? Êtes-vous plus à l'aise avec les mains à leur place ou quand elles sont croisées ? Quelle est votre préférence ? Utilisez ce code : par exemple, lorsque les deux pôles sont inversés, vous considérez que c'est votre mental qui réagit. Dans le cas contraire, vous êtes connecté à votre intuition.

3. Développez votre attention... mais sans tension !

Retrouver un regard d'enfant

La plupart du temps, nous vivons de façon automatique ou inconsciente. Nous répétons les mêmes gestes tous les jours, avec d'infimes variations. Nous n'y prêtons pas attention, car nous ne sommes pas réellement présents à ce que nous faisons. Il y a même des jours où nous ressemblons à des automates, habitués à suivre un schéma figé que nous ne remettons plus en question, par paresse ou par habitude. Ainsi, nous ne remarquons pas ce qui sort de l'ordinaire dans nos existences. Nous ne voyons pas ce qui est à proprement parler « extraordinaire ». Et comme nous avons perdu cette capacité à nous étonner, à nous émerveiller, nous ne voyons pas les signes et les messages qui nous parviennent du monde invisible. C'est aussi simple que cela.

Pour vous en convaincre, observez le comportement d'un petit enfant. Il découvre le monde. Chaque jour apporte son lot d'émotions et d'apprentissages, chaque matin est pour lui *un jour nouveau*. L'enfant a très peu accès à des souvenirs, et il voit rarement plus loin que le moment d'après. Qui peut dire encore, à l'âge adulte, qu'il porte toute son attention à une simple fleur, ou au chant d'un oiseau ? « Les enfants n'ont ni passé ni avenir et, ce qui ne nous arrive guère, ils jouissent du moment présent », résumait La Bruyère.

Je me rappelle ma filleule quand elle n'avait que 2 ans. Je l'avais emmenée au square en bas de la maison. Comme c'était l'hiver, elle était engoncée dans une doudoune plus grande qu'elle. Ça ne l'empêchait pas de courir après les pigeons – son activité favorite – et de lever toutes les cinq minutes la tête vers le ciel, enchantée. Mais ce qui me frappait le plus, c'était sa fascination pour un arbuste dont les feuilles se trouvaient juste à sa hauteur. Je ne lui trouvais rien d'extraordinaire, moi, à cet arbre, et pourtant il envoûtait ma petite merveille. Elle arrachait, plutôt qu'elle ne cueillait, les feuilles d'un vert tendre et les observait dans leurs moindres détails, les tournant, les retournant, les froissant, puis les mettant à son oreille comme pour les écouter. Mais qu'est-ce que ces petites feuilles pouvaient bien lui dire ? Je ne le saurai jamais, mais cela accaparait toute son attention. Son regard était grave et sérieux, et je voyais bien qu'elle se nourrissait de cette expérience. Depuis combien de temps ne vous êtes-vous pas attardé, comme elle, sur la robe d'une fleur ou sur la sensation que fait une matière sous nos doigts ?

Un autre souvenir me revient en mémoire. C'est une jeune maman qui m'a consulté, un jour, en visioconférence. Elle avait perdu sa propre mère assez jeune, et elle désirait ardemment entrer en communication avec elle. Mais ce qui nourrissait le plus son inquiétude, c'était son petit garçon de 3 ans qui semblait sans arrêt parler avec un personnage invisible. Il n'est pas rare que les petits développent un imaginaire bien à eux. Cependant, ce que cette jeune maman décrivait allait au-delà du jeu. À intervalles réguliers, notamment le soir après le bain, le petit Victor regardait un long moment un point fixe au-dessus de la faïence de la salle d'eau. Il poussait alors de petits cris, comme s'il apercevait un personnage amusant devant lui, puis il partait d'un long fou rire qui ne laissait d'étonner sa mère. Or, en creusant un peu, j'ai appris que la mère de ma cliente était une femme très chaleureuse qui adorait les enfants. Elle jouait toujours avec sa fille, quand elle était petite, et adorait porter des costumes et autres habits rocambolesques. Nous avons alors compris, d'un seul mouvement, que le petit Victor voyait sans doute sa grand-mère et que celle-ci, dans ces moments de détente, s'amusait à faire la clown pour égayer son petit-fils qui riait aux éclats !

N'ayant pas été recouverts par les strates de l'existence – les angoisses, les traumatismes, le devoir, l'usure… –, les enfants disposent encore de cette capacité à voir au-delà du tissu du monde, celle de témoins qui ne seraient pas totalement impliqués dans ce qu'ils observent et qui auraient, de ce fait, un œil assez neuf pour s'étonner. Une vigilance, une attention, sans tension.

Réapprenez à « voir »

En un sens, les enfants sont naturellement *disponibles* à ce que leur raconte le monde. Vous pouvez vous aussi retrouver cette disponibilité, non pas en retombant en enfance – cela va de soi –, mais en observant d'un regard neuf votre environnement. C'est la première étape dans l'extension progressive de votre Grand Moi.

Exercez-vous à observer. Avec chacun de vos sens physiques, à partir de ce que vous êtes, maintenant, tandis que vous lisez ces lignes. Avec la vue, le toucher, l'odorat, l'ouïe, le goût, la palette est large et rien ne vous empêche de tester chacun d'entre eux. Exercez-vous à écouter ce qui se passe en vous, tout d'abord, puis autour de vous. L'environnement est-il calme, agité ? Quels sont les bruits qui vous dérangent ou vous interpellent, sans que vous vous en rendiez compte ? Le ronronnement du frigo, les travaux là-bas, dans la rue, les oiseaux ou un avion passant dans le ciel ? Chaque pièce, chaque lieu a une ambiance sonore bien à lui. Les spécialistes du septième art vous le confirmeront. Au cinéma, en plus des bruitages, on n'oublie jamais d'enregistrer le silence : même dans une salle coupée de l'extérieur où deux personnages discutent, il reste un ensemble de bruits dont l'absence rendrait l'atmosphère irréelle. Vous pouvez donc écouter le bruit que fait le monde quand il parle ou quand il se tait.

Regardez aussi par la fenêtre : que voyez-vous ? Les passants avancent-ils tranquillement dans la rue ? Peut-être que vous remarquez cette femme qui se presse sur le trottoir et qui replace sa mèche dans un mouvement nerveux ? Prenez le temps. Pas seulement de regarder, mais de *voir*. Pas seulement d'écouter, mais d'*entendre*. C'est en prenant ce temps, sans formuler de jugement, sans sélectionner ce que vous allez voir ou entendre, que vous commencerez à éduquer votre sensibilité. Aussi contradictoire que cela puisse paraître, vos sens sont la porte d'entrée vers le monde invisible, car les guides se manifestent toujours dans la réalité tangible. Vous devez partir de là où vous vous trouvez, ici et maintenant. Les anges gardiens font le reste.

Il vous faut donc réhabiliter tous vos sens, les réveiller et réapprendre à les solliciter peu à peu, car le temps et l'habitude les ont comme anesthésiés, engourdis. Rappelez-vous la Belle au bois dormant. Chaque fois que vous écoutez, observez, chaque fois que vous sentez des odeurs et ressentez des impressions tactiles nouvelles, et même des goûts, vous ouvrez la porte au Grand Moi et vous lui dites : tu peux exister. Chaque fois que vous lui consacrez de l'énergie, vous vous préparez à entrer dans une autre dimension, invisible mais bien réelle. Et ce temps n'est jamais perdu.

Observer, c'est voir ce qui, d'emblée, ne se voit pas. Ou plutôt, c'est voir autrement que par le prisme habituel. Dès qu'on se met à observer, « notre regard évite [...] de figer ce qu'il voit ; il devient sensible à la présence ; il s'ouvre à la dimension sacrée de chaque situation ; il retrouve le sens et la beauté de la vie », écrit Jean-Yves Leloup dans son livre *Un art de l'attention*[2].

Une amie thérapeute m'a raconté un jour qu'elle avait été témoin involontaire d'un accident de la route alors qu'elle rentrait à pied chez elle. Un scooter avait percuté une voiture et un jeune homme gisait inanimé sur la chaussée. « D'emblée, m'a-t-elle dit, j'ai été choquée par la scène à laquelle j'assistais. Qui ne l'aurait pas été ? Mais, pour une raison que je ne m'explique pas, je n'ai pas succombé à la sidération. Très rapidement, dans mon esprit, il fallait intervenir. Je sentais une voix intérieure, une verticalité qui me poussait à prendre mon téléphone et à appeler les secours. La plus grande confusion régnait. Aussi, personne ne semblait en état de chercher de l'aide. Par chance, les pompiers sont intervenus peu après

2. Éditions du Relié, 2000.

mon appel, et alors que je me mettais en retrait du lieu de l'accident, une fois que la victime a été prise en charge, un des secouristes est venu me parler. Il m'a alors confié que ma réactivité avait sans doute sauvé la victime, car son cœur s'était arrêté. »

Mon amie aurait pu, comme les autres protagonistes, subir la situation et, pétrifiée, ne pas réagir. C'est tout le contraire qui s'est passé. Cet exemple nous montre la puissance de l'attention. Après ce récit, un peu timidement, mon amie m'a demandé si je croyais aux anges, aux guides, aux interventions divines dans nos vies. Car, profondément, elle savait que son guide l'avait sollicitée pour sauver la vie du jeune homme.

Observez sans juger

En déployant ainsi votre attention, jour après jour, vous allez vite sentir que quelque chose existe au-delà des apparences. Et à mesure que vous persisterez dans cette discipline nouvelle, non seulement l'exercice va vous enchanter, mais imperceptiblement, vous allez changer votre façon de percevoir ce que nous appelions plus haut « le tissu du monde ».

La réalité est multiple ! Ce que vous voyez n'est pas ce que voit votre voisin. C'est peut-être ce qui fait qu'il y a une telle diversité dans le monde. Mais il faut prendre garde à ne pas trop cataloguer. Le proverbe le dit bien : les apparences sont trompeuses. Ne vous arrêtez pas à un premier regard, à une opinion conçue trop rapidement. Laissez votre œil se dilater, s'ouvrir à une perception plus large que ce à quoi vous vous êtes habitué.

Pour illustrer mon propos, je voudrais partager avec vous une expérience que j'ai tentée avec un ami, que nous nommerons Auguste.

Très sceptique, plutôt versé dans la « science », Auguste est l'exemple même de celui qui ne croit que ce qu'il voit, selon le dicton bien connu. Son cas n'est pas rare. On a tous autour de nous au moins une personne cartésienne qui n'entend rien à notre propos. Nous déjeunions un jour derrière la baie vitrée d'un restaurant donnant directement sur les Grands Boulevards à Paris. Le temps était beau, et, comme très souvent dans ce quartier à pareille heure, l'affluence était à son comble.

J'essayais de prouver à Auguste que notre vision est partielle et que nous ne voyons pas tous la même chose. Comme il n'en démordait pas, je lui ai proposé de nous exercer à percevoir des choses invisibles chez les passants. Au départ les gens nous apparaissaient comme des ombres, une masse indistincte jetée dans un flot que rien n'aurait pu arrêter. Dans un tel chaos, comment éduquer son regard ?

Le mien s'est naturellement mis à suivre un couple pressé, qui semblait se chamailler. Ces deux-là n'avaient pas l'air d'accord sur la direction à prendre. La femme était exaspérée. Son compagnon agitait fébrilement son portable en désignant du doigt la route opposée. Ils se sont finalement engouffrés dans la station de métro voisine et ont disparu. Dans la foulée, j'ai remarqué un jeune papa accompagné de deux bambins qui sautaient à qui mieux mieux sur le bord du trottoir. Leur père les rappelait à l'ordre tout en sortant un mouchoir blanc pour essuyer le nez de la petite dernière qui, elle, ne savait plus où donner de la tête tant l'agitation la déboussolait. Voilà à peu près le premier niveau que nous pouvons percevoir lorsque nous nous laissons aller à observer.

En s'abandonnant lui aussi à ce qu'il voyait, Auguste a commencé à percevoir l'individualité de chaque passant, qui tout à coup devenait une véritable personne. Quelque chose se dégageait de chacun. Au fur et à mesure, même sans entraînement, mon ami est parvenu à mettre des mots sur les intuitions que les passants lui inspiraient. Cet homme sans âge, tout seul, un peu perdu dans ses pensées, lui évoquait la solitude la plus démunie. Ce groupe de jeunes gens hilares qui se moquaient du froid mordant lui inspirait au contraire l'insouciance et la jeunesse.

Auguste s'amusait de l'expérience. La rue devenait un grand livre dans lequel il lui suffisait de piocher des personnages ! Mais le plus surprenant reste peut-être qu'à aucun moment lui et moi n'avons plus regardé les mêmes personnes. C'est que notre perception de ce qui se passe au-dehors de nous est bien souvent orientée par ce qui se passe au-dedans.

Au bout d'un certain temps, mon ami s'est senti dépassé, même emporté par la foule. Nous étions pourtant assis au chaud et protégés par la baie. Mais l'afflux désordonné des individus lui donnait le vertige. C'est pour cette raison, d'ailleurs, que nous nous protégeons des autres. Je le fais moi-même. Quand je suis au milieu d'un grand nombre de personnes, il m'est difficile de ne pas me sentir happé, comme si mon énergie s'épanchait, ou plutôt comme si l'énergie du monde, dans sa manifestation complète, était insoutenable. C'est exactement ce qu'a ressenti mon ami : les impressions qui se dégageaient de ces inconnus ont vite conduit chez lui à une sorte de cacophonie. Quand cela m'arrive, je place en pensée une bulle protectrice autour de moi. J'émets intérieurement le souhait que cette bulle me protège des intrusions énergétiques. Cela ne m'isole pas des autres, mais mon énergie n'est plus absorbée par cet égrégore humain. Pouvez-vous remarquer la grande lassitude qui vous plombe en sortant d'un supermarché ? Avec tout ce monde, ces stimuli, ces allées et venues, vous vous sentez vidé. Quand ce phénomène se produit, essayez cette méthode simple. Vous vous sentirez moins sujet à la fatigue et, dans tous les cas, vous récupérerez plus rapidement.

En attendant, mon ami a pris quelques minutes pour se changer les idées et quitter son poste d'observation.

J'en ai profité pour lui expliquer pourquoi nous n'abordons pas les autres de la même façon : notre champ de vision se limite en fait à ce que nous reconnaissons d'emblée, ce que nous désirons voir ou ne pas voir, même inconsciemment. Cela impacte, façonne notre réalité. Car nous sélectionnons sans le savoir les éléments qui nous arrangent ou nous desservent, selon que nous sommes positifs ou négatifs. Et c'est ainsi que nous manquons tous les détails qui font la différence, je veux bien entendu parler des signes que nous envoient les anges gardiens.

En reprenant notre petite activité, j'ai aperçu une femme fort élégante, habillée d'un manteau mauve et d'une écharpe jaune qu'elle avait enroulée autour de son cou, mais en laissant pendre un pan du tissu devant elle. Comme mon ami ne la remarquait pas, je lui ai proposé de nous attarder sur elle. Cela tombait bien car elle s'est arrêtée devant la vitrine voisine de notre restaurant. Auguste m'en a alors fait quasiment la même description : le manteau, l'écharpe… Il distinguait même les chaînes en or qui pendaient à son poignet droit. Que pouvait-il dire d'autre ? Je l'ai poussé à approfondir. Selon lui, cette femme était très belle, mais son air avait quelque chose de hautain. « Pas commode », a-t-il ajouté. Elle lui semblait austère, peu communicante. Une personne solitaire, sans amis ? Auguste m'a dit qu'il craignait d'inventer, de broder sur une apparence. Une sorte de frontière limitait son observation. Tout simplement parce qu'il ne comprenait pas comment on peut aller au-delà de ce qui se présente. Sa vision était faussée car il ne voyait que la surface des choses.

C'est à ce moment-là qu'un homme s'est approché de notre élégante dame en lui touchant l'épaule. Elle s'est alors retournée et son visage s'est ouvert. Tout en affichant un grand sourire, elle s'est jetée dans ses bras. « Ce n'est pas son amoureux, regarde, ils se font la bise », a plaisanté Auguste. Les deux amis sont repartis bras dessus, bras dessous, heureux de se retrouver. Et mon ami à moi était confondu par le changement d'expression de la dame à l'écharpe jaune.

Continuant l'expérience, nous avons porté, ensemble cette fois, notre attention sur un vieux monsieur qui arpentait le boulevard. Nous sommes tombés tous les deux d'accord : cet homme était tout de noir vêtu, un chapeau mou sur le crâne, une vieille redingote élimée et une serviette en cuir qui avait dû traverser les décennies. Il semblait sorti d'un autre temps et donnait l'impression d'être retraité d'une antique société d'assurances. Mon ami a froncé les sourcils. Ce vieil homme lui évoquait la tristesse. Il lui semblait être un être solitaire, vivant chichement dans un minuscule appartement parisien, n'ayant pas d'amis, veuf, probablement. Je lui ai demandé pourquoi il avait un tel sentiment. Il n'a pas su me répondre. Une vague impression le mettait mal à l'aise. Que ressentait-il vraiment ? Auguste a fini par m'avouer que le vieillard lui rappelait son grand-père. Veuf avant l'âge, il avait passé l'essentiel de son existence entre les quatre murs d'un minuscule deux-pièces. Refusant les visites de sa famille, il était mort comme il avait vécu : tristement, sans un sou.

Cette histoire émouvante m'a touché. J'ai interrogé mon intuition à mon tour. Qui était donc cet ancien, tout usé ? Au premier abord, l'interprétation de mon ami m'a paru fondée. Un moment, la tendance pour le préjugé, qui existe chez tout individu, a chez moi aussi exercé une pression, et j'aurais pu y céder si je n'avais pas l'habitude de me défier des apparences. Mais, en mon for intérieur, j'ai reçu la vision d'un homme marié, vivant tranquillement avec sa femme et son vieux chien. Un collectionneur peut-être, passionné de philatélie ou de miniatures ? En tout cas quelqu'un de drôle et d'assez généreux – quoi qu'en dise son allure qui me semblait moins avare que rêveuse et négligée. Quand je m'en suis ouvert à mon ami, il a souri à moitié. Ce petit exercice sans conséquence l'avait mis, je crois, un peu mal à l'aise. Ne peut-on jamais savoir ce qu'il y a derrière les apparences ? J'ai tenté de lui expliquer brièvement que notre regard est biaisé par nos habitudes et notre expérience. Nous voyons les gens tels que nous voulons les voir et non tels qu'ils sont réellement. Inconsciemment, les autres reflètent quelque chose de nous-mêmes et peuvent nous renvoyer à des expériences heureuses ou malheureuses qui dicteront notre interprétation.

Mais l'heure tournait, et nous avons décidé de couper court, car nous devions tous deux rejoindre un autre rendez-vous.

Quelques jours plus tard, cependant, Auguste m'a téléphoné à l'improviste. Piqué par le jeu, il avait répété l'expérience de notre déjeuner à plusieurs reprises. Dans le métro, avec ses collègues, chez des amis, en pleine rue, sur quiconque et à tout moment de la journée. En peu de temps, m'avouait-il, ses facultés d'attention et de discernement lui semblaient déjà s'être accrues. Il observait le monde avec plus de clairvoyance, surtout quand il ne s'imposait rien et se laissait « traverser par les choses », pour employer ses mots. Il découvrait que son jugement pouvait être altéré par sa propre histoire. « Mais tout cela, continuait-il, se passe moins dans la tête que dans le ventre. C'est comme si les émotions pouvaient circuler entre les êtres et que j'étais capable de les capter. » Auguste venait d'atteindre un second niveau de réalité. Évidemment, il ne le voyait pas comme une étape vers la communication avec les petites âmes ou les anges gardiens : il en faudrait plus pour ébranler ses convictions ! Mais il sentait que quelque chose d'autre existait sous le glacis des apparences, quelque chose d'immense que l'éducation du regard et la patience pouvaient lui rendre accessible.

Les trois niveaux de réalité

Mais revenons à notre exercice. Dans le cadre de l'observation libre des passants, on peut distinguer schématiquement trois niveaux de réalité. Le premier, c'est la description pure et simple de votre environnement : cette dame élégamment vêtue retrouvant son ami, ce père de famille avec ses deux enfants, ce couple qui se chamaille, ce vieillard poli par l'existence... Ce niveau-là est en fait celui que procure essentiellement la vue et, dans une certaine mesure, l'ouïe. On assiste à un spectacle sans se poser de questions. On détaille objectivement ce que l'on voit.

Le second niveau, ce sont les impressions que vous donnent les personnes ou les choses que vous observez. Celles d'autrui sont parfois identiques aux vôtres, et parfois elles diffèrent. Chacun possède les siennes propres. Ce niveau-là de réalité est un mélange entre ce que nous percevons et ce qui se passe en nous : nos souvenirs, nos émotions, nos habitudes, nos préjugés. N'avons-nous pas le réflexe de cataloguer les personnes que nous voyons pour la première fois ? C'est la sensation qu'a eue Auguste à la vue du vieillard : il a été touché dans son cœur car, derrière l'apparence, se cachait l'ombre de son grand-père. Ce niveau de perception peut donc être grandement faussé par notre échelle de valeurs. C'est la sphère « subjective », si l'on veut. Qu'est-ce que nous admettons comme normal dans notre société, de tolérable, ou de franchement inacceptable ? Lorsque certaines de nos valeurs sont bafouées, nous sortons dans la rue, nous manifestons notre mécontentement. Au plan individuel comme collectif, nos réactions dépendent donc de l'histoire personnelle et du parcours de chacun.

Au niveau ultime, enfin, il y a un ressenti plus profond, émanant de l'être et non du paraître. C'est à ce niveau que l'on ressent vraiment la Présence. On s'en approche comme d'une source de chaleur au cœur de l'hiver. Elle est réconfortante. C'est d'abord une sensation inhabituelle, un peu diffuse, qui s'empare de vous. Vous n'êtes pas encore familiarisé avec elle. Dans cet état, les opinions, les jugements de valeur n'existent plus. Ou du moins ils sont relégués au second plan, loin derrière cette nouvelle énergie qui s'invite en vous. Un état qui peut durer quelques secondes ou quelques minutes. Certains maîtres zen se plongent dans la Présence des jours durant. On appelle cela la « contemplation ». Mais nous n'avez pas besoin d'atteindre l'illumination pour connaître ces ressentis profonds. Cette troisième étape peut vous sembler difficile à atteindre. Comme mon ami, vous vous demandez si votre histoire personnelle n'influe pas sur votre jugement. C'est inévitable. L'idée n'est pas de renier vos impressions premières. Au contraire, reconnaissez-les, car si vous réagissez outre mesure à une simple observation, c'est que cela renvoie à un élément de votre histoire ou de votre personnalité. C'est donc un bon moyen pour discerner.

Si vous n'êtes pas habitué, cela demandera au début un peu d'effort et d'entraînement. Mais vous pourrez vite atteindre le troisième niveau. Quand c'est le cas, fermez les yeux et écoutez ce qui se trame à l'intérieur. Vous vous connectez à l'énergie de l'univers et à ce moment-là, les gens qui sont devant vous ne peuvent plus ni mentir ni être faussés par votre interprétation. À travers la Présence, vous vous reliez à ce que vous percevez. Que ressentez-vous ? Dans l'exemple du vieil homme, en m'attardant un instant sur son paraître, j'ai eu moi aussi une première impression qui n'était pas la bonne. Mais il m'a suffi d'élever mon attention sur mon Grand Moi pour que d'autres informations jaillissent, qui démentaient les apparences. Il est vrai que je n'en ai pas eu la confirmation – il aurait fallu pour cela que je demande à ce monsieur si mon ressenti était vérifié –, mais mon petit doigt et une longue pratique me disent que je n'étais pas loin du cœur de la cible.

Quelques exercices d'observation dans la vie quotidienne

En résumé, toute communication avec votre guide commence par le développement de votre attention au monde. Laissez-vous porter par votre envie de découvrir le dessous des choses. Faites-le sans tension, c'est-à-dire sans brûler les étapes. La perception est une espèce de muscle : ne la brusquez pas, exercez-vous, prenez le temps. Plus vous vous raidirez, moins vous y arriverez. Amusez-vous à le faire chez le médecin, dans le train ou au supermarché. Ou même par la fenêtre, en observant les passants.

Prenons une salle d'attente. Vous êtes assis, entouré de plusieurs inconnus. Faites une rapide photographie intérieure de la pièce et de ses occupants. Quelle est la personne qui, spontanément, vous inspire ? Celle qui vous semble désagréable ? Quelles sont vos premières impressions ? Vous devez essayer de les formuler afin que les préjugés vous apparaissent. Ensuite, fermez les yeux et tentez de calmer l'agitation de votre corps. Sans nous en apercevoir, nous sommes en effet presque toujours contractés, et aussi bizarre que cela puisse paraître, *cet énervement corporel peut induire notre esprit en erreur*, et influer sur notre capacité à percevoir la réalité. Détendez-vous et laissez la personne que vous avez choisie infuser en vous, sans tension. Quand vous rouvrez les yeux, quelles nouvelles informations vous sont venues ?

Vous pouvez faire la même chose chez votre libraire, ou au supermarché. Observez discrètement la personne à la caisse. Que voyez-vous au premier niveau ? Comment la décririez-vous ? Sans doute cette personne porte-t-elle un uniforme avec l'insigne du magasin. Mais comment le porte-t-elle ? Est-elle coiffée, maquillée, souriante ? Y a-t-il un détail de son apparence qui attire votre attention plus que les autres ? Décrivez-la rapidement dans votre esprit. Puis, après quelques secondes à peine, laissez vos premières impressions s'exprimer. Elles seront forcément superficielles. Cette personne dégage-t-elle du contentement, de l'exaspération ? Est-elle aimable avec vous ? Son visage est-il ouvert ? Ne cataloguez pas, mais prenez conscience par cette seconde étape que vous avez vos propres filtres. Encore une fois, il est indispensable de formuler les préjugés pour qui veut les dépasser. À la troisième étape, enfin, vous soufflez, vous détendez vos muscles. Vous fermez les yeux quelques secondes. Quand vous les rouvrez, vous remarquez à quel point l'image de cette personne a changé en vous : vous venez de percevoir sa part invisible.

Vous voici maintenant dans le train, où vous avez forcément plus de temps qu'au supermarché pour vous adonner à cet exercice. Durant votre parcours, lorsque vous vous sentez disponible, rassemblez vos esprits et calmez votre mental en inspirant et en expirant profondément, de préférence par le ventre, comme le font les sportifs, les chanteurs, les musiciens. Prenez conscience de votre environnement immédiat. Est-il calme ? Non, jamais. En faisant le vide en vous, vous entendez soudain une multitude de bruits. Le train a une ambiance sonore bien à lui, qui vient d'abord de la vitesse et des roues, mais aussi de l'aération, des mille gestes que font les gens en se contentant d'exister : un reniflement, un clapotis, le frou-frou d'un vêtement… Une personne parle peut-être un peu fort à l'autre bout de la rame et, sans distinguer les mots, vous percevez son timbre de voix. Un enfant babille non loin de vous. Deux jeunes femmes sont en grande conversation à quelques places de la vôtre. Pour faire le vide, ne luttez pas contre les bruits environnants. Accueillez-les. N'attendez pas que le calme soit revenu autour de vous pour pratiquer. Au contraire, au moment présent, intégrez tout ce qui vous entoure comme une partie intégrante de vous-même. N'y résistez pas, car vous êtes à la fois vous dans toute votre profondeur et tout ce qui vous entoure à l'instant présent. Quand vous avez le temps, entraînez-vous ainsi à vous ouvrir, c'est-à-dire à vous rendre disponible au monde et aux messages du monde. Ces exercices sont destinés à faciliter la communication avec votre ange gardien. Comme je l'ai dit, un guide ne claironnera presque jamais à votre porte pour vous signifier sa présence. C'est en ouvrant votre conscience qu'il vous apparaîtra, tout naturellement, comme lorsque l'on voit un objet qu'on croyait perdu et qui était en fait au milieu de notre champ de vision.

Une fois que vous aurez maîtrisé ce petit exercice, vous n'aurez plus besoin de passer par les deux premiers niveaux. Vous n'en aurez d'ailleurs pas envie, car vous aurez compris qu'il y a une autre réalité derrière celle-ci. Dans cette conscience nouvelle, vous vous fierez beaucoup moins à l'apparence, à la surface des choses et de plus en plus à votre intuition profonde.

Très souvent, quand je suis en consultation, et notamment dans les premières minutes de l'entrevue, je regarde assez peu la personne en face de moi. Parfois je ferme carrément les yeux, et cela me permet de me consacrer tout entier à mon ressenti intérieur, et non à celui d'opinions éventuelles que je concevrais sur mon interlocuteur. J'insiste sur ce point : il est important de dépasser les deux premiers niveaux de réalité afin de discerner la présence de votre ange. Soyez sans crainte cependant. Avec un peu de pratique, vous passerez rapidement à la phase 3, comme aurait pu le faire Auguste s'il avait voulu persévérer.

Lorsque vous serez parvenu à maintenir éveillé, presque constamment, le troisième niveau, je peux d'ores et déjà vous dire que des signes nouveaux vous apparaîtront. Vous commencerez à reconnaître la signature, la griffe de votre guide, qui se manifestera un peu partout. Je peux aussi vous dire ce que ressentent en premier la plupart de celles et ceux qui se lancent dans la communication avec leur ange gardien : des picotements dans les mains, dans la nuque, ou des frissons qui parcourent l'épine dorsale. Ces premiers signes doivent vous encourager à poursuivre votre parcours initiatique, car les suivants seront d'une tout autre nature.

Mais laissez-moi plutôt vous donner un exemple. En prenant le métro la semaine dernière, j'étais tellement absorbé dans mes réflexions que j'ai manqué non pas une, mais trois stations ! Quand j'ai relevé la tête et que j'ai pris conscience de mon étourderie, et surtout de mon retard, je me suis admonesté vertement. Mais au moment où je sortais de la rame en toute hâte, contrarié, un sans-abri est rentré en criant : « Vous faites pas d'bile pour si peu, enfin ! » Passablement alcoolisé, notre homme avait lancé cette phrase à tout le wagon, sans même comprendre ce qu'il disait. Mais son intervention a résonné en moi comme une synchronicité : dans sa bouche, mon guide m'invitait au calme, ce qui n'est pas une mince affaire car, à cette période-là, je m'emportais facilement, et mon Petit Moi avait la part belle. Ce n'était donc pas un gentil rappel à l'ordre de la part de mon guide. En substance, il me disait que si j'en étais arrivé à m'énerver pour si peu, c'est que je commençais à me désaxer. À travers la voix du sans-abri, il m'invitait ainsi à me recentrer, à ne pas laisser courir les angoisses. Rien n'est grave, disait-il. Il y a une raison pour chaque chose, et il faut apprendre à lâcher prise.

Peut-être avez-vous déjà fait cette expérience : une personne réagit, sans vous connaître, à une situation que vous êtes en train de vivre. Une voix, un souffle dans l'oreille, une rencontre inopinée… C'est un indice de la présence de votre guide. Encore faut-il le reconnaître ! L'écrasante majorité des gens ne perçoivent aucun des signes qu'on leur envoie. C'est qu'ils ne se sont pas engagés dans l'aventure spirituelle dans laquelle je vous invite à me suivre.

Objectif 3

Porter son attention sur le monde en évitant les jugements hâtifs

1. Allez dans un jardin public ou tout autre endroit avec un peu de passage et asseyez-vous confortablement. Observez autour de vous ce qui attire spontanément votre regard : sur quoi se porte votre attention ? Ne réfléchissez pas, observez seulement.

2. Puis demandez-vous pourquoi telle ou telle personne, telle ou telle situation a accroché votre attention. Une personne vous paraît-elle avenante, ou au contraire antipathique ?

3. Essayez ensuite d'avoir une interprétation différente de votre habitude sur son caractère, sa personnalité intime. Au plus profond de vous, que ressentez-vous de cette personne ? Physiquement, avez-vous une sensation de froid ou plutôt de chaleur en l'observant ? Le froid est un manque de communication, il éloigne. Le chaud est ce qui rapproche, les relations constructives, l'amour. À l'aide de ces deux notions, quelles nouvelles informations vous inspire cette personne ?

4. Exercez-vous à *ressentir* et non à voir. Notez vos différentes observations, et voyez comment elles peuvent évoluer avec le temps.

4. Établissez des rituels

À cette étape de notre parcours, vous avez déjà un bon aperçu de ce que peut être la Présence, que nous pourrions aussi nommer Source, Conscience ou Néant, comme les hindous, qui voient dans le vide le nom de Dieu. Tous ces mots désignent la même chose. Ils parlent d'une autre réalité, derrière la réalité. Mon cheminement peut vous paraître abstrait et difficile à appréhender. Rassurez-vous, nul besoin de sortir d'une grande école pour appliquer les quelques préceptes que je vous invite à suivre dans votre vie quotidienne. Au contraire, ce qu'il y a d'exceptionnel, avec les guides, c'est que tout le monde peut s'adresser à eux. Il n'y a aucune hiérarchie. Il suffit d'avoir de la patience et de la motivation.

Nous avons donc vu ce qu'étaient les guides ou les anges gardiens. Nous avons parlé du Petit et du Grand Moi, cette partie spirituelle de l'être reliée à l'univers et au monde des âmes. Nous avons appris à aiguiser notre regard. Nous allons découvrir maintenant comment transformer cette attention en perceptions concrètes, en signes compréhensibles.

C'est une étape qui implique quelques changements dans vos habitudes. Rien de surhumain. Je vais dire quelque chose d'évident, mais pour vous ouvrir à la Présence qui est en toute chose mais avant tout en vous-même, il faut lui faire de la place, dégager un espace intérieur. Lorsque vous installez chez vous un nouveau meuble, vous arrangez votre salon pour qu'il trouve sa juste place, et il n'est pas rare que vous déplaciez tout et reformuliez plusieurs fois la disposition de la pièce avant de trouver l'arrangement parfait. C'est la même chose pour le contact avec les guides. Il vous faut dégager de la place dans votre quotidien, pousser des meubles et, parfois, réviser l'ordre de vos priorités intérieures.

L'importance des rituels

Il y a une vérité qu'on ne saurait suffisamment répéter : rien ne s'acquiert sans effort. Pour que quelque chose existe dans notre vie, nous devons lui donner du temps et de l'espace. Pour gagner du muscle, nous devons pratiquer un sport plusieurs fois par semaine. Pour passer maîtres dans l'art de bricoler, nous devons rater et recommencer les mêmes gestes des dizaines de fois, y revenir, y réfléchir, en un mot : nous y consacrer.

Je me rappelle ma grand-mère qui a été une grande pianiste et une chef de chant reconnue. Jusqu'à un âge avancé (elle s'en est allée à 93 ans), cette petite dame ne manquait pas un jour de s'adonner à la même routine. C'est avec elle que j'ai appris le piano, puis le chant lyrique. Elle m'a toujours dit que le déchiffrage à vue est la meilleure des formations. Vous vous mettez au piano et vous déchiffrez pour la première fois une partition que vous ne connaissez pas. Pour être honnête, j'échouais la plupart du temps à cet exercice, que je trouvais très ennuyeux.

Un jour où nous déjeunions chez elle après une leçon, je lui ai demandé comment elle avait décroché son travail à l'opéra de Lyon. C'est un sacré métier : le pianiste est l'assistant du chef d'orchestre. Il fait travailler les chanteurs et les choristes. C'est un peu le maître des répétitions. Il faut donc se familiariser avec tous les pupitres et avoir une vision d'ensemble de la musique et des instruments. Ma grand-mère me raconta qu'un soir, alors qu'elle rentrait du conservatoire de musique, on lui avait demandé de faire un remplacement au pied levé. Le défi était de taille : il s'agissait d'accompagner les chanteurs pour la création de l'opéra *Lohengrin* de Richard Wagner. Pour faire une comparaison douteuse, cela revient à monter l'Everest avec un simple sac à dos. Car cet opéra est un monument de la musique classique, d'une difficulté inouïe. Mais ma grand-mère, qui ne l'avait jamais joué avant cela, était parvenue à le déchiffrer de bout en bout. Les musiciens comme le chef d'orchestre ne s'y étaient pas trompés, et elle avait été embauchée sur-le-champ. Ce récit m'a marqué. Ma grand-mère était une grande travailleuse. Elle croyait aux vertus de l'effort. Et justement, si elle avait réussi l'épreuve de *Lohengrin*, c'est parce que tous les jours, sans jamais déroger à la règle, elle faisait ses gammes et déchiffrait des partitions à vue. C'était pour elle un rituel, et ce rituel était sa force.

Préparez-vous pour votre rendez-vous avec votre guide

Hélas, je n'avais pas sa constance ni sa volonté. J'ai pris une autre route que la sienne… Là où elle se trouve, je sais qu'elle ne m'en veut pas. Mais comme rien ne se perd, j'ai acquis grâce à elle une discipline dans mon métier. Je me tiens à une sorte de trame pour me connecter facilement à mon Grand Moi.

Avant de commencer une séance ou un tournage, je prends une profonde respiration, je ferme les yeux quelques instants. Je me donne le temps de rassembler mes pensées et de les concentrer sur mon plexus solaire. Je visualise alors une lumière blanche et je revois en esprit le Roi de Cœur. J'aime me rappeler ce dernier moment. Cela m'introduit dans un espace intérieur qui n'appartient qu'à moi seul. J'ouvre ensuite le canal spirituel et je me sens prêt à accueillir les messages des guides et des petites âmes.

Vous l'aurez compris, si vous souhaitez entrer en communication avec votre ange gardien, il vous sera indispensable d'établir des rituels. Ce sont des habitudes que vous allez choisir et poser, simplement. Ces rendez-vous n'appartiendront à personne d'autre qu'à vous-même et vous devrez les répéter le plus souvent possible, surtout au début, sans déroger, comme les sportifs et comme les musiciens. Votre intention étant de communiquer avec votre guide, en répétant certains gestes, certaines prières, certaines pensées, vous lui indiquerez votre disponibilité, votre désir de le rencontrer, et vous vous rendrez vous-même disponible pour recevoir ses réponses.

Personne ne vous demande d'être un champion toutes catégories. Il n'y a aucun enjeu, si ce n'est celui de trouver une douceur, une décontraction intérieure. Vous allez faire de la place et vous retrouver dans le meilleur cadre possible pour façonner cette intimité avec votre guide. Pensez-y : combien d'espace rien qu'à nous possédons-nous dans cette société qui partout nous oppresse, nous essore ? Si peu... Ce n'est pas étonnant que nous n'entendions pas les appels des anges gardiens : il y a tant de sollicitations extérieures, de stimuli ! C'est pour cette raison que les rituels s'imposent dans la communication avec les guides.

Pratiquez la méditation et la visualisation

Au fil des années, la méditation est devenue pour moi un rendez-vous quotidien indispensable, au même titre que dormir ou manger. Un besoin. C'est de toute façon la reine des rituels. Toutes les religions, toutes les spiritualités le disent, et même l'hypnose scientifique : il n'y a rien de mieux que la méditation pour développer ce que j'appelle le Grand Moi. Méditer permet de calmer son mental, en laissant aller les pensées qui nous viennent, sans les retenir. Tout se fait librement. Au début, on tient peut-être une minute ou deux. Mais il ne faut jamais forcer. N'attendez rien. Le peu est déjà le mieux. Tout ce qui compte, c'est que le rituel existe jour après jour. Vous allez naturellement monter en puissance. Si c'est angoissant pour vous de ne rien faire, d'être immobile, mettez-vous dans une bulle. Imaginez un endroit en vous qui serait doux comme une boule de coton. Pénétrez dans ce lieu et donnez-vous rendez-vous là dès que vous le pouvez. Et lorsque vous doutez, pensez aux sportifs et aux musiciens qui répètent mille fois le même geste ou le même morceau avant de les maîtriser.

Pour vous initier à cette pratique, je vous propose d'écouter cette courte médiation. Scannez le QR code ci-dessous, ou bien rendez-vous sur :

www.universbruno.com/meditation

et laissez-vous guider !

Lorsque j'avais une quinzaine d'années, je me suis intéressé à une méthode appelée le « training autogène », qui était une sorte de méditation guidée.

L'auteur, le docteur Schultz, un Allemand renommé à l'époque, proposait de créer mentalement une sorte de maison idéale. C'était un tout nouveau rituel. Dans cette maison, j'étais invité à aménager une pièce dont moi seul possédais la clé. J'y projetais alors mes goûts en matière d'ameublement : il y avait là un canapé confortable bleu nuit, une élégante table basse, quelques tapis persans et des lampes à la lumière tamisée. Je trouvais cela merveilleux de pouvoir choisir moi-même la décoration (j'ai d'ailleurs conservé cet attrait pour un intérieur chaleureux). J'avais installé mentalement, sur une console, un immense écran qui pouvait s'allumer et s'éteindre en un clin d'œil. Je pouvais y créer toutes sortes de contenus. Je vous parle bien sûr d'un temps où Internet n'existait pas !

C'est ainsi que j'ai découvert la visualisation.

C'était le soir. Nous avions fini de dîner. La maison s'était calmée après l'effervescence du repas. Nous étions dans nos chambres respectives, seuls, et c'était l'heure de ranger son cartable et de se préparer à aller dormir. Soudain, le silence fut brisé par des éclats de voix terribles. Mes parents se disputaient encore. Peu soucieux de nous épargner, ils laissaient libre cours à leur colère, et cela faisait naître une immense tristesse. Je désirais si fort qu'ils soient heureux… Pourtant, rares étaient les moments de bonheur à la maison. Mon père était absent la semaine et, à son retour, il ne trouvait pas l'accueil escompté. Nous avions notre vie sans lui, et ma mère gérait seule l'intendance de la maison. Les week-ends, il était là, mais il faisait pour ainsi dire le strict minimum.

Entre mes parents, l'orage grondait fort. Mes frères et sœurs et moi, nous étions régulièrement pris à parti, soit par l'un soit par l'autre. Une forme de chantage s'était installé dont nous étions les otages. Quant à moi, je vivais un cruel conflit de loyauté. Même si nos relations étaient tendues, je respectais mon père. J'aimais passer du temps avec lui lorsqu'il était à la maison. Nous jouions aux dés, aux cartes, et nous avions de mémorables fous rires devant les films de Louis de Funès. Que de souvenirs j'ai gardés de ces moments ! Hélas, cette complicité n'était pas du goût de ma mère. Elle me rappelait à l'ordre et s'assurait de ma fidélité… Et il faut dire que je l'aimais autant que mon père ! Ce contexte familial a duré une longue décennie.

Leurs disputes me glaçaient. Mon père hurlait à faire trembler les murs de la maison. Dans ces moments-là, il devenait un étranger menaçant et je cherchais par tous les moyens à échapper à leurs cris. Au début, je me bouchais les oreilles. Mais comme cela ne suffisait pas, j'ai commencé à observer autour de moi, à la recherche d'un dérivatif à mon angoisse. Rien ne m'apaisait. J'avais envie de crier plus fort qu'eux pour les faire taire, de grandir comme la grenouille du conte de La Fontaine et d'exiger un cessez-le-feu immédiat. C'était la tempête dans ma tête. Je tournais en rond dans ma chambre, imaginant prendre quelques affaires et filer par la fenêtre. Mais j'étais paralysé. J'étais coincé ici, à subir ces insupportables dissensions parentales. Combien de jeunes enfants ont vécu cela comme moi !

C'est alors que j'ai repensé à mon livre. Et si la méthode enseignée marchait vraiment ? Si je pouvais me soustraire à cet environnement hostile et insécure ? Disparaître tout à fait, dans un autre monde ? Je me suis adonné au rituel recommandé par l'auteur. Je suis rentré intérieurement dans ma maison, j'ai pénétré dans la pièce que j'appelais mon « coffre-fort ». Et ça a fonctionné ! J'étais stupéfait. Dans ma tête d'adolescent, c'était de la magie. Ici, il y avait du silence, et personne ne me trouverait. L'endroit était imprenable, puisqu'il était à l'intérieur de moi ! Quelle révélation. C'est un instant de compréhension déterminant pour la suite de mon histoire. Personne ne pourrait plus violer cet espace intérieur. Quoi qu'il arrive, je serais en sécurité. En quelques minutes, je me sentais déjà mieux ! Petit à petit, les cris se sont éloignés. J'avais de la ouate dans les oreilles. J'ai poussé un soupir de soulagement. Le poids sur mon cœur m'a quitté. J'avais rencontré dans cet état mon être profond. J'étais protégé. Et je pouvais y retourner à loisir.

Sur mon grand écran intérieur est alors apparu un personnage mystérieux. J'ai froncé les sourcils. Il remuait les lèvres. De toute évidence il tentait de me dire quelque chose, mais je ne parvenais pas à déchiffrer ses paroles. Je devinais tout juste son visage. Il semblait porter une barbe, et deux silhouettes plus petites l'accompagnaient. J'étais bien trop jeune pour réaliser qui ils étaient.

Il m'a fallu près de quarante ans pour comprendre que mon guide, le Roi de Cœur, était déjà près de moi à l'adolescence. Quoi d'étonnant, quand on sait qu'ils sont avec nous depuis toujours ? Ce jour-là où je n'étais pas assez mature pour l'entendre, mon ange gardien voulait me démontrer son affection et sa présence. Me dire que j'avais du prix à ses yeux, qu'il m'accompagnerait. Sans que je le sache encore, mon tout premier rituel m'avait mis en relation avec lui.

L'image sur l'écran est devenue floue, puis instable, traversée par de grands rais de couleur. On se serait cru dans un film de science-fiction, où les héros communiquent entre deux galaxies éloignées l'une de l'autre de milliards d'années-lumière. Puis tout à coup, l'écran est devenu noir et j'ai rouvert les yeux.

Fait improbable, à ce moment-là, mes parents avaient cessé de se disputer. Que s'était-il passé ? Combien de temps étais-je resté dans mon coffre-fort ? J'étais persuadé qu'une intervention surnaturelle avait eu lieu. Je n'en revenais pas. La maison avait retrouvé le repos, et je pouvais aller me coucher. Au fond de moi, quelque chose avait changé. J'étais étrangement apaisé, satisfait, qu'importent les disputes. Ma mère n'a pas tardé à venir m'embrasser et je n'ai pas voulu lui demander la raison de cette nouvelle querelle. Mais longtemps après l'extinction des feux, j'ai revu en pensée tout ce qui m'était arrivé. Un espoir était né ce soir-là, qui ne s'est jamais démenti. Il m'a permis d'avancer, la foi au cœur, malgré les souffrances que nous occasionnaient ces crises.

Ma mère, puis mon père ont rejoint l'autre monde. Ils sont nés au Ciel. Je leur ai pardonné ces tourments. Ils ont fait de leur mieux, avec les moyens dont ils disposaient. Aujourd'hui, ils viennent parfois me visiter entourés de leurs anges gardiens.

Exemple de rituel pour rencontrer votre guide

Vous aussi avez un ou des compagnons de route. Et les rituels que vous allez instaurer vous mettront en leur présence. Même s'il va vous falloir inventer les vôtres, trouver ceux qui vous font du bien et vous mettent dans de bonnes dispositions, nous pouvons explorer ensemble quelques méthodes qui ont fait leurs preuves. Allumez une bougie comme entrée en matière. Restez ainsi quelques minutes dans une sorte de prière, de recueillement. Si vous êtes une personne plutôt visuelle (c'est-à-dire que vous visualisez facilement les choses), l'aménagement de votre pièce fonctionnera à merveille. Si vous avez du mal à vous représenter la scène, écoutez dans ce cas une musique douce qui vous apaisera et vous mettra dans un état de disponibilité. Idéalement, cette musique sera toujours la même, afin de renforcer

la dimension répétitive du rituel, déterminante. C'est votre musique. Votre rendez-vous.
Une fois dans votre pièce, bien au chaud, protégé, adressez-vous à votre guide. Portez votre attention sur lui. En vous plaçant dans cette bulle, vous lui faites une place, il prend de l'espace dans votre cœur. Dites ce qui vous vient, sans filtre, ne soyez pas timide. Dites par exemple : « Mon guide, je désire te connaître », ou bien : « Je sens ta présence, mon guide, viens me parler ! » Ce sont des phrases toutes simples, qui viennent naturellement. Au début, vous n'aurez peut-être aucune sensation, ou vous serez peut-être perturbé par la nouveauté de la situation. Ne vous découragez pas et répétez l'expérience. Répétez-la cent fois s'il le faut. C'est dans la répétition que vous trouverez votre propre rythme. Au bout d'un temps, lorsque vous percevez que la séance est finie, soufflez votre bougie. Ce sera le rituel de sortie.

J'insiste sur un point : comme dans toute activité, une forme d'assiduité est nécessaire. On ne peut pas méditer toutes les trois semaines et espérer des résultats. C'est un fait : si nous ne voyons pas, c'est moins parce que la réalité profonde du monde nous échappe que parce que nous sommes *habitués* à ne pas voir. En aménageant votre bulle, vous créez de l'espace dans votre quotidien. C'est ce que j'appellerai « l'incursion dans l'inconnu ». C'est une trouée vers une autre dimension, la dimension haute de vous-même, votre Grand Moi. Dès que vous aurez instauré cet espace intime, forcez-vous à y retourner régulièrement. La petite contrainte disparaîtra dans la répétition et se transformera très vite en un immense plaisir.

Avec le temps, il sera d'ailleurs de plus en plus facile de rejoindre votre pièce personnelle. Le jour où vous parviendrez à vous y isoler dans des situations incommodes, par exemple dans un moyen de transport où un enfant ne cesse de crier, ou devant une pièce de théâtre qui vous ennuie à mourir, ou même avec des amis, vous aurez selon moi atteint une capacité méditative suffisante pour accéder à de nouveaux niveaux de réalité.

Les premiers signes

Vous allez alors avoir la perception de signes que vous ne voyiez pas auparavant, et même d'images, d'idées et d'émotions qui vous avaient échappé, dans des formes inédites. Préparez-vous donc à devenir une sorte de réceptacle : chaque fois que vous entrerez en méditation, la symphonie de l'univers résonnera en vous, pour parler métaphoriquement. L'expérience peut s'avérer un peu déstabilisante au départ, mais on s'y habitue. Le tout est d'apprendre à faire le tri dans ces infinités de choses qui se manifestent à nous et, au sein de ce tri, à discerner la voix des anges.

Car à force de méditer et de concentrer votre attention sur les guides, vous allez également percevoir des premiers indices du monde angélique, qui abrite les proches que nous aimons et qui sont partis de l'autre côté. Là-haut, les anges gardiens et les petites âmes ne sont pas séparés. Ils évoluent parallèlement, parfois ensemble. Imaginez le soleil, étoile imposante au cœur de notre galaxie. C'est la Source, la Présence universelle. Vos proches qui sont partis vont progresser vers l'astre qui les aimante irrésistiblement, car c'est l'Amour qui régit le système entier. Ils y retournent. On peut dire qu'ils rentrent chez eux, comme nous le ferons lors du grand départ. Et nous les retrouverons. Si je garde l'image du soleil, celui-ci projette des milliards de rayons qui sont autant de sources d'énergie émanant de lui. Nous sommes ces rayons : nous venons du soleil, nous retournons au soleil. Le passage sur terre est une forme particulière et condensée de cette énergie : la matière. Voilà pourquoi il nous est possible, à nous êtres de chair, de communiquer avec les petites âmes et les anges gardiens : en tant qu'émanations de la lumière universelle, quelque chose d'invisible, je dirais même d'indivisible, nous relie tous et chacun. À chaque instant de cette vie, la Présence nous cherche, et le but de cette vie est sans doute de chercher la Présence. « Amassez-vous des trésors dans le ciel, où ni les vers ni la rouille ne consument rien, et où les voleurs ne percent ni ne dérobent », dit Jésus dans un évangile[3]. Connectez-vous autant que possible à

3. Matthieu, 6, 20.

votre Grand Moi, car c'est là que réside votre plus grande richesse.

La merveilleuse aventure humaine consiste à unir le monde matériel au monde spirituel. Dans ce parcours initiatique, les anges jouent un rôle fondamental. On ne les appelle pas anges gardiens par hasard : ils sont les gardiens de l'âme, ils évitent sa perdition ou ses erreurs de trajectoire, conservent son énergie et sa capacité de radier. Un peu comme vous, lorsque vous faites un écart sur la route et que le passager d'à côté se charge de vous secouer et veille à ce que vous restiez sur le bon chemin.

Dans un premier temps, vos perceptions seront peut-être minimes. Habituellement, vous n'y auriez vraiment pas prêté attention. Mais à présent que vous avancez dans la pratique, vous allez vivre ces sensations nouvelles. Des picotements, de légers frissons, un courant d'air qui passe sur votre visage, une image plus significative que les autres, un souvenir dont le sens s'illumine soudain, de petites prises de conscience... On vous parle de l'autre côté ! Chez d'autres personnes, ce seront des rêves, ou une rencontre inopinée qui n'aurait jamais dû avoir lieu ici et maintenant, ou une succession de hasards, de coïncidences, de chiffres... Il y aura aussi une foule de synchronicités, c'est-à-dire des correspondances, des échos entre vos pensées et le monde, comme si l'esprit tendait à se matérialiser. Vous pensez à votre mère et celle-ci appelle au même moment. Vous souhaitez croiser quelqu'un que vous n'avez pas vu depuis longtemps et voici que vous le rencontrez le lendemain. Ou plus simplement : vous priez, et votre prière se réalise. Ce sont des synchronicités et les synchronicités sont des signes. Nous aurons l'occasion d'en discuter davantage par la suite, tout comme des heures et des dates miroirs : 11 h 11, 15 h 15, 22 h 22… que certaines personnes ne cessent de voir sur l'écran de leur téléphone, ou l'horloge du salon.

Tous ces phénomènes sont des incursions du monde invisible dans votre réalité physique. Dites-vous bien que les guides n'ont pas les mêmes outils que nous pour communiquer. Ils n'ont pas de cordes vocales, ni de mains pour vous saisir. Tout ceci est du ressort de la chair. Le corps des guides est un corps d'énergie, non un corps physique. C'est pour cela qu'ils prennent un grand plaisir à jouer avec l'électricité, les écrans de télévision ou les portables : les plombs qui sautent inopinément, l'écran qui s'éteint, une sonnerie qui retentit au moment où vous pensez à votre ange gardien ou à votre petite mamie… Il existe de nombreux témoignages, parfois impressionnants, de manifestations du monde invisible.

La mémoire des lieux

En parlant d'extraordinaire, une question vous vient sûrement aux lèvres : un guide ou un proche décédé peut-il nous faire du mal ? On me le demande souvent et je réponds toujours : certainement pas. Il n'y a aucune volonté de la sorte venant de l'autre monde. Comme nos pas laissent des marques dans le sable, chaque personne peut laisser une empreinte d'elle-même en quittant la terre, à son décès. C'est-à-dire qu'une part de son énergie reste fixée, comme si elle s'agrégeait à un lieu. Mais ce « fantôme » n'existe pas, ou si peu. Il est l'émanation d'une énergie bloquée.

Si vous avez déjà joué avec des amis aux tables tournantes, ce que l'on appelait autrefois le « spiritisme », vous vous êtes certainement fait peur. Évoquer les morts en jouant aux apprentis sorciers, selon l'expression consacrée, peut être fort dommageable. Certaines personnes sont restées profondément traumatisées à l'issue d'une telle expérience. Si les religions proscrivent ces pratiques, c'est moins pour des raisons dogmatiques que pour protéger les individus fragiles psychologiquement. Sans préparation, aborder le domaine invisible peut jouer des tours. C'est pourquoi il est important de respecter certains rituels. Ils sont gages de lumière et de sécurité.

Il existe ainsi des impuretés, des souillures dans le monde que l'on dit du « bas-astral ». Il s'agit en fait d'énergies basses, qui ne sont pas l'œuvre de nos amis lumineux, mais le résultat d'empreintes que les êtres de chair ont laissées à leur départ. Entre ce monde-ci et l'autre monde existe un « entre-deux », une sorte de sas qui renferme une multitude d'éléments, des stigmates, des mémoires de différentes sortes. Ce bas-astral, c'est un peu la poubelle de l'univers, à l'image des pollutions gravitant autour de la Terre. Les maladies, les guerres, les haines, les relations toxiques, toutes les souffrances laissent des traces à la mort d'une personne, et elles ne sont parfois jamais nettoyées. Cette empreinte n'a pas d'identité propre, mais elle peut se manifester et paraître effrayante, comme dans le cas des maisons dites « hantées ». Je ne crois pas que des fantômes viennent errer dans ces lieux. Mais il y reste souvent des traces indélébiles du passé.

Pour tourner une vidéo, il y a deux ou trois ans, je me suis rendu en Bourgogne. Une dame m'avait invité à exprimer mes ressentis sur sa maison qui abritait, selon elle, de nombreuses entités. Comme dans tous les tournages, une équipe de techniciens m'accompagnaient. Nous avons été accueillis par quelques oies bavardes que notre arrivée semblait avoir dérangées. Il s'agissait d'une ancienne bâtisse, un corps de ferme principal et deux dépendances. Après les salutations d'usage, je me suis mis au travail. D'emblée, je suis rentré en moi-même. J'ai aménagé mon espace intérieur, et connecté mon esprit au Grand Moi. J'ai pris quelques respirations profondes, j'ai fermé les yeux, je me suis aligné à mon environnement. Mes antennes se sont déployées. J'étais disponible.

Dans la maison, sans que la propriétaire me guide, nous sommes allés droit jusqu'à une chambre à coucher. Immédiatement, j'ai eu la vision d'un lit qui bougeait tout seul. Une femme avait accouché ici dans de grandes souffrances. La demeure, fort ancienne, dégageait une lourde histoire : différentes époques formaient des couches successives, comme des lasagnes, d'une épaisseur plus importante que dans d'autres lieux. Aucun « fantôme » n'était prisonnier de cette maison. Les âmes en étaient parties depuis longtemps, et elles continuaient leur course vers le soleil, la Source. Mais leurs histoires, parfois tragiques de leur vivant, avaient laissé des empreintes profondes dans certaines pièces qui continuaient donc d'être « habitées » par ces basses énergies.

À l'extérieur, ensuite, je me revois mimer un soldat le fusil au bras, tenant en joue plusieurs personnes d'une même famille. Des coups de feu. Il s'agissait là des images que je recevais en état de médiumnité. La propriétaire m'a confirmé un moment tragique lié à la Seconde Guerre mondiale. Des Juifs avaient été cachés dans la bâtisse et la Gestapo avait fait une descente qui s'était terminée dans un bain de sang. Plutôt glaçant. Des empreintes de cet épisode demeuraient là encore associées à ces lieux.

Peu après, j'ai gravi les deux marches du perron pour pénétrer dans la demeure. Mais une force inexplicable m'empêchait de rentrer. J'ai alors reçu une vision : un homme assez âgé se tenait là, dans l'embrasure de la porte. Il ne pouvait pas avancer malgré une grosse canne de bois sur laquelle il s'appuyait. Une forme de paralysie m'envahissait et, à mon tour, j'ai eu du mal à me mouvoir. Sans doute cet homme était-il diminué et sa seule occupation consistait-elle à se tenir là, dans l'embrasure de la porte. Grâce aux petites âmes et à mon ange gardien, j'ai appris à distinguer ce qui est du ressort des mémoires, et donc de l'empreinte, des énergies basses, et ce qui relève de la Présence, des énergies lumineuses. Je ne me laisse ainsi jamais envahir par des sensations trop fortes et, en évoquant ces mémoires enkystées, je suis capable de libérer la tension d'un lieu. C'est comme si le fait d'en parler, comme dans une psychanalyse, ouvrait la porte et libérait des énergies enfermées.

Revenons à notre bâtisse. À une époque beaucoup plus reculée, se tenait au sud de la maison un gros rocher enfoui sous plusieurs mètres de terre. Une sorte de dalle. C'est ce que j'ai rapidement deviné dans ce lieu chargé d'une haute et belle énergie. On aurait dit que des prêtres ou même des prêtresses se réunissaient pour des cérémonies particulières. Mon hôtesse m'a confirmé qu'elle avait fait appel à un géobiologue. C'est une personne qui étudie les interactions entre les ondes d'un lieu et son environnement, son histoire. Ici, il y a bien longtemps, des prières et des rites celtes avaient été célébrés. Une très grande énergie se dégageait du lieu et l'on s'y sentait bien. Je m'y suis attardé longtemps, rechargeant mes batteries après ces visions éprouvantes.

Au bout d'un après-midi bien rempli, la maîtresse de maison nous a proposé quelques rafraîchissements et s'est dite rassérénée. Je lui ai expliqué mes ressentis et l'interprétation que l'on pouvait faire de ces présences. Il n'y avait pas, évidemment, d'invasion de fantômes ni de mauvais esprits, mais une succession d'événements dont la mémoire était restée d'autant plus vivace que les époques s'étaient accumulées depuis des temps très anciens. Avant de nous quitter, j'ai appelé silencieusement la protection des guides sur ce lieu sensible. Un rituel qui m'a permis de clore cette expérience et de revenir à mon Petit Moi, c'est-à-dire à ma relation habituelle au monde.

Cet exemple illustre la confusion qui peut survenir dans l'interprétation des signes, des présages ou, ici, d'égrégores négatifs (un amas d'énergies). L'imaginaire populaire, les mythes comme le loup-garou ou des films tels que *L'Exorciste* excitent nos peurs primitives. Mais ces peurs ne reflètent guère la réalité, qui est bien plus ordinaire. Je ne remets pas en cause l'existence de phénomènes de possession. C'est juste qu'ils sont à mon sens le fruit d'un traumatisme jamais résolu, pas de fantômes ou de démons.

L'histoire que je viens de vous décrire est exceptionnelle. Dans votre parcours, vous n'aurez pas à vous confronter à ce genre de situations, et d'autant moins si vous vous conformez à certains rituels qui vous garantissent en fin de compte la bonne connexion à votre ange gardien. J'ajoute que c'est mon métier :

ces exercices sont le fruit de mon expérience, et je les ai d'abord testés sur moi avant de les exposer ici. Vous pouvez donc suivre le cheminement des rituels en toute quiétude.

Trouvez votre mot de passe

Dans votre cheminement, il est important d'utiliser une courte prière, un mot, quelques syllabes, un mantra qui vous place spontanément au niveau du Grand Moi, en présence de votre guide.

Plus il vous sera personnel, plus sa vibration augmentera avec l'usage, puisqu'il émanera de vous. Ce sera votre « mot de passe », votre code secret pour accéder au monde d'en haut. Une de mes clientes m'a rapporté un jour avoir trouvé, dans un livre ancien, un vieux papier sur lequel était inscrite une prière. « Un vrai talisman, Bruno ! » Chaque jour, inlassablement, elle scandait au lever et au coucher la courte prière suivante : « L'univers est Amour, et mon ange guide mes pas. » C'était son mot de passe. Je trouve qu'il est magnifique. Il est équilibré et on peut le scander facilement. Elle m'a d'ailleurs autorisé à le divulguer. À l'heure où pas une de nos démarches administratives n'échappe à une identification (le fameux mot de passe), il vous sera facile de retenir le vôtre… pour parler à votre guide ! Ouvrez et refermez votre espace intérieur comme on ouvre puis on ferme sa maison. Cette gymnastique deviendra alors une seconde nature.

Le rêve éveillé

Ce mot de passe va aussi vous servir dans une technique appelée le « rêve éveillé ». Il s'agit d'envoyer un signal répétitif à votre inconscient, afin de réaliser durant votre sommeil que vous êtes en train de rêver.

Il y a deux ou trois ans, j'ai eu le plaisir d'interviewer sur ma chaîne YouTube Olivier Cochet, un onirothérapeute, c'est-à-dire un spécialiste des rêves. Il m'expliquait qu'il existe plusieurs types de rêves. Citons par exemple le rêve de « compensation ». Pendant la nuit, nous revivons certaines situations de la vie quotidienne. Notre inconscient nous les restitue sous forme fantasmée. On refait l'histoire, comme on dit. Il peut s'agir de la résurgence de traumatismes profonds, comme le deuil, l'échec professionnel ou la rupture affective. Ou bien de désirs inavoués, insatisfaits, de situations angoissantes que le rêve va transcender. La nuit, nous évacuons les trop-pleins et les énergies consommées durant la journée. Tout y est mélangé pêle-mêle. Ce qui explique le non-sens apparent de certains d'entre eux. Mais ces rêves, pour insensés qu'ils soient, ont une fonction bien précise : « compenser » les plaisirs et les déplaisirs que nous vivons, rééquilibrer la balance psychique, bref recharger nos batteries. D'autres rêves sont dits « prémonitoires » : vous êtes prévenu en songe de l'occurrence d'un événement à venir. Ils peuvent déranger leurs auteurs, quand il s'agit d'une vision triste, comme l'annonce d'un décès. Ils peuvent aussi être heureux.

Il m'arrive de recevoir en songe des messages ou des guidances concernant des personnes que je vais rencontrer le lendemain. Je prends soin de noter ces précieuses informations. Elles me sont envoyées de la part des petites âmes ou du Roi de Cœur. Je peux ensuite les utiliser lors des séances concernées. On dit que le célèbre médium américain Edgar Cayce était capable, en état d'hypnose, de prévoir les événements à venir. On le consultait régulièrement pour connaître les raisons d'une maladie et ses remèdes éventuels.

Avec Olivier Cochet, je me suis attardé sur un aspect du rêve qui va servir notre propos : le rêve éveillé. Selon lui, écrire ses rêves, c'est connaître son monde intérieur. Je vous encourage vivement à suivre son exemple. Tenir un carnet de bord, une sorte de journal de vos nuits vous sera très profitable. Le premier bénéfice sera de mieux vous connaître, de comprendre les ressorts de votre psyché, donc de vos fonctionnements psychologiques, surtout dans le cas de rêves récurrents. Dans le rêve lucide, vous vous trouvez au milieu d'un rêve normal et vous réalisez tout d'un coup que vous êtes en train de rêver. Vous dormez, vous rêvez, et durant ce rêve, vous observez le fait que vous rêvez. Vous êtes conscient, alors que vous êtes endormi. Cela peut paraître saugrenu, mais je vous invite à essayer. L'idée est de le provoquer, en désirant retourner dans tel ou tel monde intérieur. Comment ?

Rituel du rêve lucide

À certains moments de la journée, demandez-vous si vous êtes en train de rêver, si ce que vous vivez est bien réel. Pour entamer ce processus, vous allez utiliser un code, un mot-clé de votre choix : le nom d'une plante, d'un proche, d'un personnage, d'une vertu, un mantra, toute formule ayant du sens pour vous. Et à chaque fois que vous vous retrouvez dans une situation quotidienne que vous avez l'habitude de répéter, vous dites le mot, et vous vous demandez si vous êtes en train de rêver ou non.

Vous pouvez aussi choisir un objet ou une situation, et engager la même démarche. Prenons des exemples. Chaque fois que vous vous retrouvez devant une table, vous touchez la table et vous vous demandez intérieurement : « Suis-je en train de rêver ? » Ou alors, lorsque vous vous installez dans votre voiture, avant de démarrer, vous fermez les yeux et vous vous dites intérieurement : « Si ma voiture n'a que deux roues, alors je suis dans un rêve. » Lorsque vous rouvrez les yeux, si votre voiture a toujours ses quatre roues, c'est que vous êtes réveillé. Et vous répétez ceci régulièrement, à plusieurs reprises au long de la journée, et ceci pendant plusieurs jours. Ce rituel s'incrustera si profondément dans votre esprit que lorsque la situation se répétera dans votre rêve, vous vous réveillerez presque automatiquement. Une nuit, vous toucherez une table, ou votre voiture apparaîtra dans votre rêve avec deux roues, et vous saurez que vous êtes en train de rêver. Ou alors votre moi en songe répétera le « code » et ce code agira comme un sésame.

Je quitte ici notre spécialiste pour relier désormais cette pratique à la découverte de votre ange gardien. Elle va vous aider à ouvrir un vortex entre les deux mondes. Car, en plaçant ce témoin (ici la voiture) dans votre inconscient, vous établissez une passerelle entre le Petit Moi et le Grand Moi. Une sorte de réflexe conditionné : la prochaine nuit, le prochain rêve, à l'aide de votre mot-clé, votre guide surgira à côté de la voiture à deux roues. Vous semez en fait les cailloux du Petit Poucet, en balisant le chemin que votre ange empruntera dans votre rêve pour vous parler. Dès que la voiture à deux roues apparaîtra, ou la table, ou le code, vous saurez qu'il s'agit de lui. Avec un peu d'expérience, vous pourrez créer alors une sorte de boîte aux lettres, en posant votre question à votre guide, puis en découvrant ses réponses.

C'est précisément ce que nous allons voir dans les prochains chapitres.

Objectif 4

Entrer et ressortir facilement de son espace intérieur et se donner des rendez-vous avec son ange gardien

1. Créez votre espace intérieur à l'aide d'images : notez sur votre livret les éléments de décor que vous allez y retrouver : est-ce une chambre ? un bureau ? un salon ? un jardin ? Choisissez vous-même une décoration qui soit facile à retenir et sur laquelle vous prendrez l'habitude de fixer en premier votre attention. Comment vous sentez-vous dans cette nouvelle pièce personnelle ? Décrivez vos sensations avec des mots simples.

2. Lorsque vous ressentez le besoin de vous protéger de mauvaises énergies, d'une ambiance lourde autour de vous, créez une bulle mentale qui enveloppe tout votre corps. Cette bulle peut être transparente ou légèrement teintée d'une couleur qui vous inspire. Nul n'est capable d'y pénétrer. Lorsque la crise est passée, dissipez-la mentalement.

3. Une routine trop établie peut avoir l'effet contraire de celui escompté. Afin d'éviter que la routine s'installe dans vos rituels, changez-les régulièrement, donnez-leur chaque semaine, chaque mois de petites variations. Cela vous maintiendra en éveil.

4. De la même façon, dans votre vie de tous les jours, tentez de vous surprendre. Quand vous allez faire vos courses, ou en vous rendant à votre travail, si vous en avez le temps, changez d'itinéraire. Quand vous faites le ménage, modifiez

l'ordre dans lequel vous procédez pièce par pièce. Prenez de la distance avec toutes les étapes de votre quotidien qui seraient devenues mécaniques. Éviter la monotonie est la garantie de rester en éveil. Un détail suffit.

5. Tenez un carnet de bord pour écrire vos rêves : même le songe le plus simple en apparence peut révéler des trésors de sens. Reportez les détails les plus insignifiants, ils pourront vous être utiles par la suite, en les relisant à tête reposée. Quant au rêve éveillé, choisissez une référence facile à mémoriser : une voiture qui n'a que deux roues ou un cheval avec des ailes sont la preuve que vous rêvez. À l'inverse, vous savez que vous êtes en état de veille lorsque vous voyez des chevaux paître dans les champs ou des véhicules avancer sur quatre roues.

5. Posez votre question, et n'y pensez plus

Vous avez à présent une idée plus précise de ce que sont l'attention, l'observation et les pratiques qui en découlent, comme la méditation ou le rêve lucide. Les contours de votre pensée se sont élargis. Les rituels vous permettent de passer aisément du Petit au Grand Moi, de votre mental à votre intuition. Si ce n'est pas encore le cas, n'hésitez pas à revenir aux chapitres précédents pour vous en imprégner. Mais surtout, ne vous crispez pas : le raidissement est la seule chose qui peut vous empêcher d'avancer. Courage : tout est là, en dessous, derrière la réalité visible. Abandonnez vos préjugés sur le monde (« l'invisible n'existe pas », « c'est improbable », « il n'y a qu'une réalité ») et sur vous-même (« les guides ne s'intéressent pas à moi », « j'ai l'air ridicule quand je médite », etc.). Prenez tout simplement conscience que *c'est possible* et que *vous pouvez.* La répétition des rituels instaure une pratique au long cours. Et un beau jour, sans crier gare, votre guide se manifeste : vos yeux s'ouvrent sur les signes, vous faites un rêve étrange, vous sentez la

Présence à l'intérieur de vous-même. À votre fenêtre, un oiseau vous observe du coin de l'œil ou frappe du bec à la vitre. Vous êtes connecté, votre guide est là.

Ne cherchez pas à tout savoir tout de suite

On adorerait tout connaître de ce monde qui nous intrigue et nous fascine. Et puis surtout recevoir des réponses, des validations sur ce que nous traversons. Qui n'a pas besoin d'être rassuré ? La plupart du temps, les gens sont conditionnés par leur mental, leur Petit Moi qui veut tout comprendre et tout maîtriser. Mais le monde invisible n'est pas une vague réplique de nos créations matérielles. Votre guide n'est pas une chose, il n'obéit pas à des règles, il échappe à toutes les projections. C'est d'ailleurs parce qu'il vous échappe que vous le cherchez. Si vous connaissiez tous les ressorts de l'invisible, si vous pouviez y accéder à loisir et communiquer comme au téléphone avec les guides, le monde invisible ne serait plus un au-delà de vous-même, et votre mental chercherait à le contrôler. Il y a là une sagesse très importante : si l'invisible reste invisible, c'est pour que personne ne puisse se l'accaparer. L'être humain tend à vouloir tout posséder. Qu'il s'agisse de sa maison, de sa voiture, des objets, des animaux et même de ses semblables. La possession nous rassure. Nous croyons sans doute qu'elle nous protège de la mort. Mais cette habitude à vouloir tout contrôler est le propre de notre ego.

Dans une certaine mesure, l'identité est également un dérivé de ce besoin de possession. À tout moment de la vie, nous nous définissons, et avec ces traits de caractère, ces pensées, ces opinions, ces mécanismes que nous croyons les nôtres et les nôtres seuls, nous forgeons une « personnalité » qui nous rassure, car elle nous offre de la permanence dans ce monde qui n'est que chaos. Mais nos pensées sont trompeuses ! Et elles nous enferment dans un conditionnement asphyxiant.

Dans la Bible, il y a un livre intitulé *L'Ecclésiaste*. Ses premiers mots sont les suivants : « J'ai élevé des ouvrages magnifiques, j'ai bâti des maisons et j'ai planté des vignes. J'ai possédé des serviteurs et une nombreuse famille, et de grands troupeaux de bœufs et de brebis. J'ai entassé l'argent et l'or, le revenu des rois et des provinces ; j'ai eu des musiciens et des musiciennes… En tout cela je n'ai vu que vanité, affliction d'esprit ; rien de stable sous le soleil. » Arrêtons-nous sur ces derniers mots : « Rien de stable sous le soleil. » Que veulent-ils dire ? Les vraies réponses ne se trouvent pas dans les méandres de notre Petit Moi, dans l'appétit insatiable de l'ego qui cherche à posséder toujours plus. Le mental a sans cesse besoin d'être rassuré. Et on s'imagine qu'en acquérant ceci ou cela, en faisant disparaître tel problème, on pourra enfin être heureux. Mais c'est une illusion. Une fois que vous aurez obtenu ce que vous vouliez, votre mental désirera autre chose. C'est sa nature d'être insatisfait et de manquer. Voyez comme les plus riches continuent de jalouser ceux qu'ils croient au-dessus d'eux ! Manquent-ils pourtant de quelque chose ? N'ont-ils pas compris que l'on est toujours le pauvre de quelqu'un ? Il en va de même pour nos problèmes : ce n'est pas en les réglant que l'on sera heureux. Le vrai bonheur n'est pas l'absence de problèmes. Dans nos sociétés qui ont atteint un niveau de confort inédit dans l'histoire de l'humanité, on n'a jamais autant consommé d'antidépresseurs. Le bonheur est au contraire le dépassement des vicissitudes de l'existence. C'est un savant mélange entre l'acceptation de notre finitude (nous sommes mortels) et la conscience que notre passage sur terre sera de toute façon émaillé de souffrances.

Le vrai bonheur réside dans l'abandon de cette quête désespérée du « posséder » et du « résoudre ». Cherchez d'abord la paix intérieure en cheminant avec votre ange gardien, c'est ainsi que vous vous réaliserez pleinement. Chaque pas que vous faites dans le monde matériel risque de vous faire reculer dans votre recherche du bonheur. Chaque pas que vous faites dans le chemin spirituel vous y fait avancer un peu plus. Cultivez la Présence. C'est en baignant en elle que, petit à petit, vous accueillerez les intuitions et les signes. Les petits détails auxquels vous ne faisiez pas attention jusque-là vous sauteront aux yeux. Ce sera pour vous comme une seconde nature et cette nouvelle relation au monde vous remplira de bonheur.

Comment poser votre question ?

Ainsi, je l'ai dit, pour avancer dans cet apprentissage merveilleux, vous devez trouver un langage commun avec votre guide, une sorte de grammaire qui vous est propre. C'est l'intérêt de l'espace intérieur, des rituels, de votre mot de passe. Lorsque vous serez suffisamment expérimenté dans la mise en condition de votre être, vous pourrez poser une première question à votre guide. Je le répète : ne craignez pas d'être ridicule, de parler ou de penser pour rien. Les anges gardiens sont étrangers à toute hiérarchie et ne portent aucun jugement de valeur. Vous devez garder en tête qu'ils ne sont que de l'énergie, et que toutes les réponses qu'ils vous apportent, d'une certaine façon, sont présentes en vous depuis des temps immémoriaux. Un trésor de sagesse et de vérité se cache dans votre cœur, et les guides sont une énergie médiatrice vous permettant de le découvrir.

Un soir, dans ma rue, j'ai croisé une abonnée de la première heure, fidèle entre les fidèles de ma chaîne YouTube. Elle était tellement ravie de cette rencontre inopinée qu'elle s'est pratiquement jetée dans mes bras. Cette dame était certaine de ne pas m'avoir rencontré ce soir-là par hasard. Elle m'a entrepris sur de nombreux sujets qui la questionnaient : l'origine du monde, le sens de l'existence, pourquoi elle était née dans sa famille... Elle avait un ange gardien, et lui parlait très souvent à haute voix. Une question, en particulier, la taraudait : « Bruno, me disait-elle, j'ai toujours peur de le déranger. Croyez-vous que j'aie le droit de lui poser des questions ? » J'ai trouvé cette remarque très touchante. Cette dame faisait preuve d'une grande humilité. Je l'ai rassurée dans un sourire : « Si vous le dérangez, lui ai-je répondu, il se mettra sur répondeur ! » Nous avons beaucoup ri. Là où je voulais en venir, avec ma petite blague, c'est qu'il ne faut jamais craindre de poser votre question. Évitez seulement, à vos débuts, les sujets qui représentent un enjeu trop important. « Mon compagnon actuel est-il le bon ? », « Dois-je changer de métier ? », « Qu'y-a-t-il après la mort ? » ne sont pas les meilleures entrées en matière. La raison est simple : il y a des choses que notre estomac encore fragile n'est pas capable d'ingérer. On n'imaginerait pas faire boire une bouteille de whisky à quelqu'un qui n'a jamais avalé une goutte d'alcool, ni exiger d'un individu peu sportif qu'il fasse d'un coup cent ou deux cents pompes. Optez donc pour la patience et, au commencement, posez des questions faciles, peu cruciales, pour vous habituer à la pratique. Vous monterez peu à peu en puissance quand vous deviendrez maître de l'exercice et, croyez-moi, votre patience sera récompensée.

Rituel pour poser votre question

Prenez une grande respiration qui ouvrira le rituel. Portez votre attention sur votre plexus solaire, un point sensible de votre corps, ou si vous le préférez, sur un point extérieur, une fleur, un tableau, un paysage, une pensée qui vous satisfait et vous détend. Vous entrez peu à peu en méditation. Votre esprit s'ouvre comme une grande antenne se tournant vers le ciel. Ça y est, vous êtes disponible. Vous dites alors en silence, ou à haute voix, selon l'inspiration, une courte prière. C'est votre mot de passe. Votre pensée s'élève. Vous pouvez y aller. Commencez par quelques paroles simples telles que : « Mon guide, es-tu près de moi maintenant ? », « Peux-tu me manifester ta présence ? » Une fois que vous avez posé votre question, restez au calme. Ne cherchez rien : vous devez laisser le plus en retrait possible votre Petit Moi, car ce n'est pas à lui d'interagir. Faites le vide et écoutez ce qui se passe en vous. Ce sera peut-être le silence. Ou une légère sensation de chaud ou de froid sur la peau, sur le visage, aux oreilles. Observez vos sensations, comme si vous n'étiez qu'un spectateur. Vous pouvez même les noter dans un cahier. Rien n'est inutile.

Lorsque vous obtenez votre réponse, aussi minime soit-elle, pensez à remercier votre ange gardien. Certaines personnes remercient avant. Vous dites par exemple : « Merci d'avance, mon guide, pour ta réponse clairvoyante à ma question. » Cela va de soi, votre ange gardien n'attend aucune rétribution pour ses messages. Mais les remerciements sont une façon d'afficher votre gratitude, votre confiance dans les forces invisibles et, donc, de donner de la valeur à ce niveau de réalité et à ce que vous faites.

J'insiste sur ce point : que vous ne ressentiez rien ne veut pas dire que votre guide est absent. La plus petite impression est encourageante. Rappelez-vous que votre guide est là, mais que si vous le croyez absent, c'est que vous ne le ressentez pas encore. Les réponses peuvent être de toutes sortes. Elles peuvent intervenir dans l'instant comme plusieurs jours après que vous avez posé votre question. Soyez tolérant avec vous-même. Il n'y a pas de normes dans ce qui concerne l'âme.

Une rencontre déterminante

Une expérience a été décisive dans ma découverte du Grand Moi. Les années ont passé mais elle m'a suivi tout au long de mon parcours. Grâce à cette expérience fondatrice, j'ai réalisé que les messages me parvenaient lorsque je décrochais de ma conscience. À 15 ans environ, j'étais au plus fort de ma quête spirituelle et très tourmenté intérieurement. Je lisais des ouvrages ésotériques mais j'avais toujours une certaine frustration, un vide intérieur que je ne réussissais pas à combler. Je croyais en Dieu, mais les enseignements dogmatiques m'avaient découragé de la religion et des cultes. Je n'y trouvais pas mon compte. L'adolescence est une période de fragilité et de construction. L'enfant a été laissé derrière soi, l'adulte est en devenir. Cette gestation a lieu dans la douleur. Je n'y échappais pas.

À l'époque, mes parents étaient abonnés à un journal local. On y trouvait les nouvelles de la région, des articles sur la vie associative, des petites annonces, la météo, des jeux. Cet après-midi-là, j'étais seul à la maison. Je feuilletais l'hebdomadaire d'un air distrait. Mon esprit était dans une sorte de vacance : je ne pensais à rien de particulier. Dans ces moments, il y a une forme de détente naturelle du cerveau. La pensée vaque, sans but, sans objet précis. On dit d'ailleurs qu'on est « absent ». C'est ici que le Ciel m'a fait un signe. Au milieu de dizaines d'annonces, je suis tombé sur un encart qui a attiré mon attention : un voyant offrait ses services. Mon cœur s'est mis à battre la chamade. J'étais en transe. Il faut dire que les phénomènes paranormaux me fascinaient, littéralement. Je vivais à la campagne et il y avait très peu d'offres de ce type. Contrairement à aujourd'hui, les professionnels se comptaient sur les doigts de la main, et se faisaient surtout connaître par le bouche-à-oreille.

Que quelqu'un ait la capacité de prédire l'avenir forçait mon admiration. Ce n'est pourtant pas pour découvrir le mien que je l'ai contacté. Ce monsieur proposait une sorte de méthode pour développer son intuition. Et l'intuition, j'en avais bien besoin à ce moment-là, car j'étais envahi de sentiments contradictoires. Intrigué autant qu'impatient, j'ai appelé, et l'annonceur m'a donné un rendez-vous : notre entretien se déroulerait par téléphone. Dans un élan, j'ai cassé ma tirelire et je lui ai envoyé l'argent pour la séance. Je voulais tellement connaître son secret ! Le jour dit, j'ai pris le téléphone en tremblant, ne voulant rien manquer des questions que je comptais lui poser.

Mes doigts ont enfoncé fébrilement les touches pour composer le numéro de téléphone. L'excitation était à son comble. Qu'allais-je apprendre ? C'était la première fois que je m'adressais à un voyant. Jusque-là, j'avais vécu à travers les livres et mes découvertes personnelles. Aucune rencontre sérieuse n'était advenue dans ma courte existence. Dans mon cerveau d'adolescent, cet homme était une sorte de mage auréolé de mystère.

Lorsque mon correspondant a décroché, j'avais le souffle court, mes jambes flageolaient. Ma tension devait avoir chuté, et toutes mes questions s'étaient envolées. Je ne savais plus quoi lui dire. Mon interlocuteur s'est rendu compte de mon émotion et m'a mis à l'aise. Il comprenait ma jeunesse et je dois dire qu'il s'est montré simple et pédagogue. Passé quelques instants, ma langue s'est déliée et j'ai obtenu des réponses. Je buvais ses paroles. Quarante ans plus tard, elles résonnent encore à mon oreille.

Nous sommes entrés dans le vif du sujet : « L'intuition est votre boussole, a-t-il commencé. Grâce à elle, vous êtes sûr de ne pas vous tromper. Pour vous y connecter, il faut leur poser des questions. – À qui ? ai-je demandé naïvement. – Aux êtres de lumière ! » m'a-t-il répondu. Je suis resté bouche bée. C'était la première fois qu'on me parlait des âmes et des anges gardiens. Selon lui, notre intuition était comme un organe nous reliant à des entités du monde supérieur. Il fallait entrer « en amitié » avec elles. Cette expression m'est restée et je la trouve tellement juste ! Je l'utilise aujourd'hui. Vous aussi, entrez *en amitié* avec votre guide. C'est une véritable relation que vous instaurez avec lui, car avant même que vous ne le sollicitiez, il est avec vous.

Timidement, j'ai voulu savoir ce qu'il était possible de demander aux entités du monde supérieur. Une question me taraudait. J'ai fini par m'en ouvrir à lui. « Est-ce que mes parents vont se réconcilier ? lui ai-je dit. – Que vous suggère votre intuition ? » s'est-il contenté de me répondre. « Rien du tout », ai-je avoué. Je n'avais aucune idée de ce à quoi il fallait s'attendre. Quelques longues secondes se sont alors écoulées. Mon interlocuteur semblait concentré. Puis il s'est remis à me parler : « S'il n'y a rien, m'a-t-il dit, c'est que vous luttez pour obtenir la réponse. Vous croyez qu'elle viendra de vous, mais c'est à votre intuition de s'exprimer. *Le secret, c'est de poser votre question puis de l'oublier tout à fait.* »

Là, j'étais perdu. Comment pouvais-je espérer une réponse à une question que je devais oublier ? Rien de plus contradictoire. J'ai réfléchi un instant puis j'ai eu comme une lumière. Quelques jours auparavant, je cherchais à retrouver le nom d'un pianiste que j'appréciais beaucoup. Comme mon anniversaire approchait, je voulais demander à cette occasion son dernier disque. Mais impossible de me rappeler son nom. Je me suis creusé la tête deux jours durant. À plusieurs reprises je l'avais sur le bout de la langue, mais chaque fois il finissait par m'échapper. Une semaine plus tard, spontanément, sans que rien ne m'y prédispose, le nom du pianiste m'est revenu. J'étais en train d'apprendre une leçon de mathématiques assez rébarbative, et je me suis écrié : « C'est lui ! » Je me suis levé à toute vitesse et suis allé retrouver ma mère qui rentrait des courses. J'avais le nom de mon pianiste et j'attendais désormais avec impatience mon anniversaire !

J'ai parlé de cet épisode au voyant. Il m'a dit que c'était le même dispositif qui serait à l'œuvre avec l'invisible : poser une question et tâcher de ne plus y penser. La réponse viendrait plus tard d'elle-même, au moment venu. Sans le savoir à l'époque, j'avais découvert la bascule du Petit Moi au Grand Moi. À la fin de notre séance, je me suis décidé à lui poser une question sur mon avenir, et surtout sur celui de mes parents. Le voyant m'a répondu, avec des égards, qu'il les voyait divorcer. L'histoire lui a donné raison. Quant aux entités de lumière dont il m'avait parlé, je ne m'y suis pas attardé plus que cela. J'étais encore jeune, plein de doutes et développer mon intuition était pour le moment ma priorité. Je suis donc passé à autre chose, mais ma première rencontre avec un voyant s'est inscrite en moi comme dans le marbre.

Ne pensez plus à votre question, la réponse viendra d'elle-même

Une partie en rejaillit aujourd'hui et, comme lui, je vous donne ce conseil précieux : posez votre question à votre guide, puis laissez faire la vie. Les Anglais ont une excellente expression pour le désigner : « *A watched pot never boils* », qu'on peut traduire par : « Une casserole qu'on surveille ne bout jamais. » Plus vous cherchez, moins vous trouvez. C'est aussi simple que cela.

Vous devez faire un aller-retour dans votre esprit. Posez la question à votre guide. Puis passez à autre chose, ou, si vous percevez une réponse, saisissez-vous-en. Sinon, laissez faire, tout en demeurant disponible. C'est dans ce décrochage du mental que la réponse survient. Ceux qui sont passés maîtres dans un art martial ont développé une attention au monde similaire : calmes, détachés, ils n'en sont pas moins toujours attentifs à ce qui les entoure ; ils sont sereins, mais toujours prêts à mobiliser leurs facultés quand un danger survient. De la même façon, lorsque nous conduisons, nous sommes capables de nous échapper de la route, d'élargir notre regard qui englobe alors l'horizon, tout en restant parfaitement attentifs à notre conduite et aux autres véhicules. Cette capacité est la marque d'une grande maîtrise et ne vient qu'avec le temps.

Durant notre séance téléphonique captivante, mon nouveau maître m'a aussi fait partager ses expériences et sa manière de travailler. Il pratiquait notamment le même rituel en début et en fin de séance, la prière d'un saint qu'il avait faite sienne. Il se rendait dès que possible dans son jardin et ressentait à travers la Nature toute la présence apaisante de ses guides, alors qu'il avait les mains dans la terre. J'ai répété l'exercice à plusieurs reprises sous sa férule. Je posais une question banale sur un personnage célèbre dont je connaissais mal l'histoire. Son année de naissance ou de mariage. Un fait marquant de son parcours. Puis je laissais reposer. Et dans la journée, au détour d'une lecture, je tombais comme par hasard sur le sujet. Au bout d'un mois ou deux, j'avais compris le principe. C'est une gymnastique à laquelle je n'ai ensuite plus jamais cessé de m'adonner et elle m'est devenue naturelle. Je suis reconnaissant à la vie d'avoir placé ce voyant sur mon chemin car, non seulement j'ai retrouvé foi dans ma quête spirituelle, mais j'ai pu par la suite évoluer vers d'autres cieux. Je lui dois beaucoup dans mon travail actuel.

Si, malgré tout, vous avez du mal à opérer ce fameux décrochage, à « lâcher l'affaire », comme on dit couramment, je vous propose une technique alternative : celle du petit papier.

Rituel du petit papier

L'idée est de noter, sur une feuille de votre choix, une question que vous adressez à votre guide. Choisissez de préférence un carnet dont vous pouvez arracher facilement une page et un joli papier, encore une fois pour donner de la valeur à la chose. Notez aussi clairement que possible la question. Le soir, avant de vous coucher, placez ce petit papier sous votre matelas, en prenant soin de suivre votre rituel : une grande respiration les yeux fermés, une ouverture progressive de votre conscience, le mot de passe, des instants de méditation, puis un signe ou un geste en guise de clôture. Vous dormirez alors dessus et, le lendemain, au réveil, vous noterez sur le carnet les rêves qui vous sont venus pendant votre sommeil. Si vous n'avez pas de souvenirs de votre rêve, retirez le papier et replacez-le la nuit suivante. Vous pouvez répéter l'opération trois ou quatre jours de suite s'il le faut.

Il est très rare que les gens qui suivent cette pratique n'aient pas de réponse, d'une façon ou d'une autre, la nuit ou la journée suivante. Car la réponse peut venir en rêve, mais aussi à un moment de votre vie quotidienne. Au travail, à la maison, au restaurant, avec vos amis, au beau milieu d'une conversation. Un signe, une idée qui vous vient, un mieux-être par rapport à une situation donnée… Certains pourraient y voir une pratique magique. Ce n'est pas le cas. En dormant littéralement *sur* votre question, vous lâchez prise. Le Petit Moi est en sommeil. C'est une façon de le court-circuiter et de laisser au Grand Moi l'occasion de s'exprimer. Essayez, c'est une expérience ludique.

Ainsi, votre question est posée. Voyons maintenant comment reconnaître les réponses.

Objectif 5

Poser une question claire par l'intuition et se détacher des réponses

1. Formulez des questions claires à votre guide, en évoluant le plus possible par paliers : les premières semaines, ne cherchez pas à obtenir des réponses sur des sujets complexes ou douloureux, car vous risqueriez de vous braquer. Armez-vous de patience et apprenez d'abord à dialoguer avec votre guide sur de petites choses.

2. Notez sur votre agenda (papier ou électronique) la date et l'heure auxquelles vous avez posé une question à votre ange gardien. Établissez ainsi des repères par rapport aux différentes questions que vous lui adressez. Au bout d'un temps, vous remarquerez les moments qui vous sont le plus favorables pour communiquer (ambiance, humeur, disponibilité, etc.).

3. Lorsque, dans la journée, vous repensez à la question posée en vous demandant si vous aurez une réponse, ne chassez pas cette pensée. Laissez-la vous imprégner, puis partir. Au début, le décrochage vous paraîtra difficile, tant vous aurez envie de connaître la réponse de votre guide. Faites une bascule dans votre esprit : pensez à autre chose !

6. Apprenez à reconnaître les réponses

Le passé éclaire notre présent

Un beau jour du mois de juin, l'an dernier, j'ai reçu une cliente dont la demande était un peu particulière. Elle était venue me voir cinq ans plus tôt, afin d'évoquer le deuil de son père. Ce monsieur avait eu une fin de vie très douloureuse, entre l'hôpital et la maison de repos. Sa grande dépendance physique ne lui avait pas permis de rentrer chez lui pour y finir ses jours en paix. Ma cliente était allée le voir une dernière fois, mais avait souffert de ne pas être présente à son dernier souffle. Elle pensait l'avoir abandonné. Les messages de son père avaient été très apaisants, et Clémence était repartie rassurée. Il l'avait notamment remerciée, par mon intermédiaire, d'avoir pris autant soin de lui de son vivant. Quel réconfort de savoir nos proches en paix dans l'autre monde !

Mais pour quelle raison Clémence venait-elle me voir pour la seconde fois, en ce jour de juin ? D'entrée de jeu, la jeune femme m'a confié avoir fait dernièrement une session d'hypnose régressive. Il s'agit de se rappeler, dans un état modifié de conscience (ici entre la veille et le sommeil), des souvenirs enfouis à la naissance ou dans les premières années de notre venue au monde. Certains adeptes de cette pratique remontent même à des temps qui précèdent leur conception et parviennent à établir des connexions avec des aïeux qu'ils n'ont jamais connus. C'est ce qui s'est passé avec Clémence. Grâce à ce procédé dont elle était devenue coutumière, elle avait commencé la construction d'un arbre généalogique. S'appuyant sur des documents officiels qu'elle trouvait sur Internet, pour l'essentiel, elle avait entrepris un travail d'archives de grande ampleur et passionnant. Au moment où je l'ai rencontrée, elle me racontait qu'elle avait dû parfois se rendre en mairie pour obtenir des extraits d'actes de naissance.

Ses séances avec le thérapeute lui ont permis de comprendre certains ressorts de personnalité qui circulaient dans sa famille. La souche paternelle, notamment, était d'origine paysanne et très modeste. À l'époque d'un arrière-grand-père, une des filles s'était entichée d'un homme de la ville et en avait conçu un enfant illégitime. L'affaire avait créé un scandale dans le petit village normand où tout se savait, et la jeune femme avait été contrainte de fuir la région et de vivre sans famille ni amis. Comble du malheur, elle avait alors perdu l'enfant qu'elle portait. Une histoire bien triste qui, pourtant, éclairait d'un jour nouveau celle de Clémence. Car cette dernière avait vécu longtemps seule et sans compagnon. Jusqu'à ses 40 ans, son parcours amoureux avait été des plus chaotiques, comme si quelque chose d'inexplicable l'empêchait de se stabiliser, d'avoir elle aussi sa part de bonheur.

En prenant connaissance de cette histoire de famille, Clémence a fait le rapprochement avec les transmissions généalogiques. C'est ce qu'on appelle la « transgénéalogie », qui désigne les influences qu'exercent notre famille et notre histoire familiale à l'intérieur de nous-mêmes. Il s'agit de mémoires enkystées qui perdurent et se répètent jusqu'à ce qu'un maillon de cette longue chaîne de transmission en prenne enfin conscience et brise le cercle. Ce maillon, dans notre cas, était justement Clémence, qui depuis la mort de son père avait interrogé les membres de sa famille encore en vie et avait pu reconstituer petit à petit un puzzle vieux de plusieurs générations.

Quelque chose la tracassait encore. Durant une séance avec l'hypnothérapeute, elle avait ressenti une présence très forte qu'elle n'était pas parvenue à décrire. Les yeux fermés, elle avait perçu un point lumineux qui semblait émaner d'une source inconnue, comme un soleil dardant ses rayons depuis l'horizon. Cette aura, qu'elle avait plus devinée que saisie, avait empli peu à peu son champ de vision et l'avait transportée d'une joie mystérieuse. Comme la fin de la séance approchait, Clémence avait voulu à tout prix retenir cette vision d'extase. Elle s'en était ouverte à son thérapeute et ils avaient convenu ensemble d'un nouveau rendez-vous. Peut-être pourraient-ils reprendre là où ils s'étaient arrêtés ? Mais lorsque le rendez-vous avait eu lieu, rien de probant ne s'était passé. Clémence avait eu du mal à laisser sa conscience décrocher et cette session l'avait frustrée.

Un peu déçue mais bonne joueuse, elle avait décidé de laisser s'écouler du temps. Il n'y avait pas d'urgence. Elle trouverait bien un moyen de percer le mystère de cette présence inconnue. Quelques semaines avaient passé, et Clémence avait eu l'intuition qu'elle pourrait me rencontrer. Elle suivait l'actualité de ma chaîne YouTube et avait regardé ma dernière guidance. Elle se demandait si j'aurais des informations à lui donner. Ainsi, ce jour de juin, Clémence a pris place dans le canapé où je reçois et m'a exposé ses questionnements.

La réponse était sur la plage

Le Petit Moi cherche à tout prix à s'emparer de ce qu'il ne comprend pas. Il lui faut des explications rationnelles et solides pour ensuite trier, archiver ses expériences. J'ai expliqué à Clémence que sa vision était apparue dans un état de détente. Son mental était au repos et ne créait pas d'interférences. C'est grâce à ce décrochage qu'elle avait pu entrevoir les lointaines lueurs d'une autre dimension. Et ce n'est qu'en retrouvant ce relâchement qu'elle pourrait reprendre son expérience. Déroutée, la jeune femme m'a demandé si je comprenais l'origine de cette lumière apparue sous ses yeux clos. Un flash a traversé mon esprit : « Il s'agit de votre guide, ai-je répondu. Il cherche à entrer en contact avec vous. »

Clémence n'en revenait pas. Tout excitée (et un rien incrédule), elle voulait en savoir plus. « Qui est-il ? D'où vient-il ? Est-ce quelqu'un que j'ai connu ? » Les questions fusaient. Je l'ai interrompue gentiment : selon moi, son esprit s'emportait et son excitation émanait d'un mental inquiet. J'étais quant à moi fort calme et j'ai sollicité le Roi de Cœur. Ses réponses sont viables et portent loin. En état de recueillement, j'ai senti sa bienveillance m'envahir et j'ai dit : « Il s'agit d'*accueillir* et non de s'emparer. Cela fait toute la différence. » Clémence a compris qu'il se passait quelque chose, que son esprit devait se poser et ne pas dépenser d'énergie inutile. Après une courte pause : « Il m'est donné de vous transmettre une vision, ai-je ajouté. Il y a une belle plage ensoleillée. Je vous vois seule, marchant sur le sable fin, vos pieds nus s'enfonçant dans les pas des promeneurs. Là, vous vous arrêtez et penchez la tête vers le sol. Vous souriez, et je crois que ce sourire vient d'une compréhension de toutes choses… »

Sur le coup, nous ne sommes pas parvenus à déchiffrer le sens de cette mystérieuse vision qui, pour une raison que j'ignore, allait trouver sa réalisation dans l'avenir. Je ne fais pourtant aucune prédiction. Mon unique objectif, en séance, est de transmettre les messages. Lorsque ces messages prennent la forme de guidances, en revanche, je n'ai pas toujours accès à leur interprétation. Le sable fin, le soleil, la mer, tout évoquait ici la tranquillité, mais rien d'autre ne venait étayer mon impression. C'est pourquoi j'ai proposé à Clémence, que cette vision avait curieusement calmée, comme un massage, de me tenir au courant dans les prochaines semaines, si elle constatait un changement dans sa vie en lien avec notre rendez-vous.

Vers la fin du mois d'août, Clémence m'a téléphoné. Une histoire surréaliste venait de lui arriver. En Bretagne, sur la côte morbihannaise, elle marchait, seule, nonchalante, au bord de la mer. C'était la fin d'après-midi. Le temps était magnifique, et une délicieuse brise marine lui caressait le visage. La marée était basse, et une foule de bécasseaux et de petits gravelots se régalaient sur le rivage. Trottinant et picorant des algues et des mousses, ils évitaient le reflux de la mer en remontant habilement sur le sable. À cette vue, Clémence avait été prise d'un ravissement. Les merveilles de la nature l'avaient comblée. Elle s'était soudain sentie en harmonie avec l'univers et sa conscience avait été empreinte d'un doux repos. Dans ce moment aussi rare qu'unique, je compris que son mental s'était assagi et sa véritable nature révélée.

Arrivée au bout de la jetée, son regard avait été attiré par un ensemble de morceaux de bois qui semblaient ordonnés sur le sable. Ils formaient des angles précis. Tout d'abord elle avait pensé à des enfants qui pour jouer auraient ramassé des branches sur les dunes. Mais sa curiosité était piquée. Comme elle ne voyait pas les motifs composés sur le sable, elle avait pris du recul. Le soleil déclinant l'aveuglait et elle avait chaussé ses lunettes. Un reflet s'était alors formé qui créait un arc-en-ciel dans ses yeux. En se décalant légèrement vers la droite, elle avait réalisé qu'il s'agissait non pas d'un jeu mais d'un prénom ou d'un nom, formé par les morceaux de bois. Clémence avait pris du recul et les lettres s'étaient liées entre elles. Le nom lui était alors apparu en entier : NOÉ.

Comment expliquer sa réaction ? Ma cliente était sans voix. Pour une raison qui lui échappait, elle venait de recevoir la réponse à la question qu'elle avait posée des semaines plus tôt à mon cabinet : Noé était le nom de son guide. Elle n'était pas venue ici pour rien. Quelqu'un avait certainement créé cette œuvre d'art éphémère sur le sable. Pour qui ? Dans quel but ? Elle l'ignorait. Mais elle savait de tout son être que ce message lui était destiné. À la vue du prénom, une chaleur intense l'avait envahie, quelque chose d'unique, d'inexprimable. Tout faisait sens. Les séances d'hypnose, notre rendez-vous au mois de juin, la patience, les craintes, les doutes. La vision que j'avais reçue et qu'elle avait accueillie sans résistance, en la digérant pendant de longues semaines, avait infusé dans les méandres de sa conscience. Elle l'avait laissée reposer et la réponse lui était parvenue au détour d'une simple promenade de fin d'été.

Il n'est pas rare que les guides se manifestent dans toute leur nudité, c'est-à-dire dans une parfaite simplicité. C'est pourquoi les anges sont souvent représentés sous la forme de très jeunes enfants, dans la plus pure des innocences. L'innocence est bien le mot : dans son sens étymologique, l'innocent est celui « qui ne peut nuire ». Voilà la vraie nature de nos anges gardiens. Vous remarquerez également que leurs réponses sont toujours personnelles et intimes : des dizaines de gens, des centaines peut-être sont passés ce même jour sur cette même plage, sans que le nom de Noé ait eu un sens aussi fort pour eux. Clémence a compris que ce message lui était adressé car en son for intérieur, elle était prête et appelée à comprendre. Les planètes s'étaient alignées, et son ange gardien avait mis ce signe sur son chemin, ce signe qu'elle seule pouvait saisir.

L'explication

De retour chez elle, Clémence s'est précipitée sur internet pour connaître l'origine de ce personnage biblique. Dans la Genèse, le premier livre de l'Ancien Testament, il est dit que Noé trouve grâce auprès de Dieu car c'est un homme juste. À l'inverse, le reste de l'humanité est perverti et a perdu le sens du sacré. Noé reçoit l'ordre divin de construire une arche dans laquelle sera rassemblé un couple de chaque espèce animale. Le héros malgré lui s'exécute et une fois l'arche construite, des pluies diluviennes s'abattent sur la terre durant quarante jours et quarante nuits. Tous ceux qui ne sont pas dans le bateau périssent noyés. C'est le déluge. Dérivant sur les eaux qui recouvrent désormais la terre, Noé lâche tous les jours une colombe, mais elle revient systématiquement vers l'arche car elle ne trouve pas un morceau de terre où se poser. Un beau matin, l'oiseau blanc ne revient pas. Noé comprend alors que les eaux se sont retirées et qu'il est temps de regagner la terre et de libérer l'arche. Avec sa famille et les animaux épargnés par la noyade, il touche le sol longtemps rêvé, illuminé par un magnifique arc-en-ciel. La race des hommes peut se perpétuer.

Il n'en fallait pas plus à Clémence pour obtenir la validation de son expérience sur la plage. Le nom de Noé, l'arc-en-ciel, comme un effet d'optique sur ses lunettes de soleil… Elle arrivait enfin au bout de sa quête. La mort de son père, l'arbre généalogique, la séance d'hypnose, jusqu'à notre rencontre et ce mystérieux présage d'une promenade au bord de l'eau. Tout s'enchaînait dans une chronologie parfaite qui lui avait été tracée par son guide, Noé, du nom de celui qui préserve et transmet l'héritage, qui fait rupture avec les générations passées, mais inaugure aussi les générations suivantes. Dans son histoire personnelle, Clémence était appelée à faire table rase des énergies familiales et à engager une nouvelle existence, non plus seule, abandonnée, ballottée par les flots, mais accompagnée de son ange gardien qui ne la quitterait plus.

Cette histoire incarne en condensé tout le propos de ce chapitre. Clémence est partie de là où elle était. Après la mort de son père, elle a voulu comprendre certains ressorts de sa psyché. Au cours de cette quête, elle a rencontré son guide. Elle a beaucoup douté mais n'a pas abandonné pour autant. Elle a pu observer d'abord une forme lumineuse sous ses paupières. Pleine de questionnements, elle a buté sur un mental résistant et inquisiteur : il lui fallait absolument connaître les tenants et les aboutissants de cette sensation nouvelle. C'est ce que tout être humain a tendance à faire. Or, toute tentative d'entrer par la force dans le monde invisible se solde par un échec. Le Petit Moi, je le répète, ne peut admettre ce qu'il ne maîtrise pas. Ce n'est que dans une forme d'abandon, donc de lâcher-prise que Clémence a amorcé ce processus intérieur que l'on appelle l'« éveil spirituel ». Si vous vous munissez de votre GPS lors d'une randonnée en forêt, que faites-vous si le signal s'éteint ? Vous sortez votre bonne vieille carte de secours et vous reprenez votre route. C'est ce qu'a fait Clémence. Bloquée dans sa recherche, en l'absence de nouvelle connexion *via* l'hypnose, elle a choisi de prendre un autre chemin. Notre séance aurait pu ne rien donner. Il se trouve qu'elle a enclenché une réaction en cascade jusqu'à l'apparition de son guide, sur la plage.

Cet enchaînement n'était ni de son fait ni du mien. Je n'ai été que le fil conducteur de sa quête. Son guide a fait le reste, estimant qu'elle était prête à le voir.

Sa démarche était sincère. Son histoire, l'histoire de ses ancêtres, pourrait être la mienne, la vôtre. Nous sommes tous issus d'une généalogie plus ou moins heureuse, et chacun fait de son mieux pour vivre sa vie dans les meilleures conditions possible. Chaque existence est unique : votre ange gardien l'est aussi. Il n'est pas le manager d'une équipe d'âmes dont vous seriez un simple membre. Sa vie est associée à la vôtre. C'est cette prise de conscience qui s'est opérée dans le cœur de Clémence. Ses questions étaient sincères, elle désirait vraiment connaître ce qui se passait dessous, derrière les apparences. Et c'est votre cas aussi, vous qui parcourez ces lignes.

Une grande variété de réponses

Apprendre à reconnaître les réponses aux questions que vous posez à votre guide est donc essentiel et s'inscrit dans une démarche de libération et de mieux-être. Mais ne vous attendez pas à une conversation téléphonique ou une visioconférence avec lui ! Les êtres de lumière ne disposent pas des mêmes moyens que nous pour s'exprimer. Ils n'ont ni bras, ni langue, ni cordes vocales ! Ils forment un corps énergétique. Ce qui signifie qu'ils sont capables d'intervenir partout où l'énergie entre en jeu, à commencer par l'intérieur de nous-mêmes. En se focalisant sur un élément en particulier, ils peuvent par exemple déplacer des objets (télékinésie), allumer, éteindre ou perturber des appareils électriques et électroniques, soulever ou faire voler une feuille, créer des vibrations. Dans un autre ordre d'idées, les guides peuvent susciter en nous des pensées ou des émotions, ou encore influer sur le devenir pour que, comme dans l'histoire de Clémence, leurs manifestations s'inscrivent par l'action des autres dans votre réalité à vous. Ce sont leurs réponses, leurs façons de dire : « Je suis là, près de toi, ouvre-moi ton cœur ! » Et ces réponses ont une infinie variété.

De très nombreuses personnes vivent ce genre d'expériences mais n'osent pas en parler, de peur de passer pour folles ou de subir des moqueries. Je conseille pour ma part de parler. Ouvrez-vous aux autres ! Si vous leur dites que vous aussi, vous avez vécu de tels phénomènes, alors les langues se délient et des communautés prennent forme.

Il existe selon moi deux types de réponses que peuvent vous apporter les guides. Le premier type est le plus simple. Ce sont les réponses à des questions telles que : « Mon guide, es-tu là ? », ou : « Qui es-tu ? Comment te nommes-tu ? » Elles visent à établir un premier contact et, en ce sens, ce sont peut-être les réponses les plus cruciales de toutes. Si vous êtes en recherche, si votre cœur désire ardemment connaître le guide qui vous protège, il se manifestera. Et vous saurez le repérer. Faites-lui confiance. J'ai reçu beaucoup de témoignages de personnes qui cherchaient le nom de leur ange gardien et qui l'ont trouvé au dos d'un camion de livraison, dans un livre ou un film, ou même sur un emballage alimentaire. Un monsieur m'a dit un jour qu'il avait appris le nom de son guide en voyant YOG sur un pack de yaourts ! La consonance avait résonné fort en lui, et il savait qu'il pouvait l'appeler ainsi. Cela en fera sourire certains, mais il n'y a aucun hasard. Tout est relié. Tout fait sens pour qui sait observer.

Si vous vous connaissez ou vous supposez une affinité avec les anges gardiens de la Bible, il ne faut pas hésiter, là aussi, à les invoquer. Dans ce domaine, seuls comptent l'intuition et le ressenti. J'insiste sur ce point. Vous allez tisser une relation de plus en plus étroite avec votre guide. Si les noms de Marie, de Jésus ou de l'archange Gabriel ont un sens profond pour vous, rapprochez-vous d'eux. Même chose s'il s'agit d'une divinité païenne, ou de tout autre personnage représentant à vos yeux le sacré. Ne craignez pas de les évoquer en pensée et de leur faire part de vos demandes. Ces figures qu'on a un peu trop enfermées dans des dogmes vibrent d'une énergie puissante. Les esprits de la forêt amazonienne ne sont pas moins influents. Nos sociétés modernes ont oublié les pratiques ancestrales de communication angélique.

Dans les cultures que l'on dit hélas « primitives », alors qu'elles sont juste différentes, il n'existe pas de rupture entre les mondes, entre la Nature, l'Univers et l'Homme. Soyez donc ouvert à tout ce qui pourrait faire sens en vous.

Un soir de tournée, dans une salle de Bordeaux, je me suis adressé à plusieurs membres de la même famille. Ils étaient venus en force : il n'y en avait pas moins de dix sur le même rang ! Ce groupe était formé des parents, des enfants, de cousins et de neveux. Ils possédaient une charmante maison dans la région bordelaise et avaient pour habitude de s'y réunir pour des fêtes d'été mémorables. Tout ce petit monde était très fidèle à ma série, ce dont je les ai remerciés chaleureusement. Cette confiance m'honore et m'oblige. Je n'ai pas de mots assez forts pour exprimer la gratitude envers ceux qui suivent mon travail. Durant cette soirée, nous avons beaucoup ri. Un grand-père s'est manifesté, armé d'un coutelas et vêtu d'un tablier maculé de sang. À première vue, cet accoutrement n'annonçait rien de rassurant. Mais le visage bonhomme de ce monsieur, marqué par la couperose, invitait heureusement à la confiance. Haut en couleur, il n'avait pas la langue dans sa poche, de son vivant, et il a provoqué l'hilarité lorsque j'ai mimé son caractère bien trempé. Il s'agissait du papa de la mère de cette grande famille.

Après ce moment joyeux, j'ai levé les yeux et, tout au sommet de la salle, on m'a montré en vision un cœur formé par des nuages dans le ciel bleu. Et tandis que je baissais à nouveau le regard en direction de mes interlocuteurs, ce cœur s'est formé au-dessus de chacune des personnes de cette famille. Il y a alors eu un nouveau fou rire. Rien à voir avec le grand-père, cette fois. « Mais c'est normal, Bruno ! s'est exclamée la mère de famille. Ce que vous voyez, c'est le guide protecteur de notre maison ! On l'a appelé l'Ange au Grand Cœur. » Chaque membre de la tribu qui venait à la maison voyait invariablement, et à chaque fois qu'il s'y rendait, ce nuage en forme de cœur dans le ciel, en signe de bienvenue. La salle était stupéfaite. Nos anges gardiens ne manquent pas d'inventivité ! Mais rien n'aurait été possible si cette grande famille n'avait pas su repérer ce signe de salutation dans le ciel.

Le second type de réponses concerne des questions que je dirais plus précises et complexes : « Mon guide, dois-je faire un autre enfant ? », « Dois-je reprendre ma liberté ? », « Dois-je changer de travail ? », « Suis-je dans une mauvaise voie ? », etc. Souvent, les guides répondent à nos questions par une autre question : « Où est ton désir ? » (celui de partir, de déménager, de se séparer, etc.).

Par exemple, à la demande : « Quel est le meilleur travail pour moi ? », un jeune homme a reçu en rêve l'image de personnes dont il avait la charge. Au réveil, il a compris que son chemin était d'aller vers le métier d'ambulancier. Ce travail l'attirait depuis longtemps (son désir) mais il avait peur de se lancer. Son guide l'a orienté sur ce qu'il voulait profondément.

Alors qu'elle travaillait dans la brasserie de ses beaux-parents, une cliente avait demandé à son guide s'il était juste pour elle de terminer un cycle d'études arrêtées en chemin. Quelques jours après avoir posé sa question, elle a servi un couple dont le mari venait de terminer les mêmes études qu'elle ! Coïncidence qui n'en est pas une, cette dame a entendu son désir et par là même la réponse de son guide.

Percevoir ces réponses et savoir les interpréter exige plus d'expérience que pour le premier type de réponse, mais il s'agit d'un changement d'échelle, pas de nature. Ces réponses sont donc tout autant accessibles que les premières à qui use de volonté et de constance. En suivant vos rituels, puis en laissant la magie opérer, vous serez rapidement récompensé de vos efforts.

Votre guide est en vous. Comprenez qu'il n'y a aucune séparation entre lui et vous, que cette séparation est illusoire. Les anges gardiens ne se trouvent pas ici ou là, dans un autre univers, dans un ailleurs d'où ils nous rendraient visite et où ils repartiraient. Ils sont une partie de nous. C'est dans des moments de haute intensité spirituelle qu'ils font irruption dans votre vie. Cette intensité accrue peut très bien vous tomber dessus par hasard – j'ai rencontré des personnes qui subissaient presque les manifestations de leur guide –, mais le plus souvent, l'état vibratoire supérieur est provoqué par l'entraînement et l'habitude.

Il faut donc s'entraîner, aussi, à reconnaître les réponses, à lire les signes par lesquels l'invisible devient une partie visible du monde. Il en existe une variété infinie, tant le chemin de chacun est unique, personnel. Vous saurez reconnaître la présence de votre guide dans une plume délicate tombée sur votre pare-brise quand vous sortez de chez vous. C'est une caresse qui effleure votre conscience et vous donne du cœur à l'ouvrage pour la journée qui commence. Votre voisin à qui vous en parlez n'y verra qu'une plume abandonnée par un volatile quelconque. Le soir, quand vous rentrez du travail, il vous apprend que son chat a manqué de se faire écraser par un motard peu scrupuleux. Revenu sain et sauf sur le trottoir, son petit compagnon à poils a sauté dans ses bras avec un ronronnement amoureux. Et il vous déclare alors, plein d'assurance, que son guide a sauvé la vie de son animal bien-aimé. Il y a une réponse pour chacun, car la sensibilité de chacun est unique. Une dame de ma connaissance, sachant l'importance que j'apporte aux signes, m'a révélé qu'un jour, alors qu'elle rentrait chez elle, elle avait trouvé toutes les lettres laissées par le facteur dans sa boîte marquées d'un « R ». Comme si un tampon de la Poste avait fait buvard sur chacune d'elles, dans un flou qui les rendaient irréelles. Or cette lettre était l'initiale du guide auquel elle se connectait chaque jour depuis des années : l'archange Raphaël. Elle a été stupéfaite de cette complicité. Elle qui priait, confiait ses questions à l'ange, n'en attendait nulle réponse. Dans ce petit rituel quotidien, c'était sa façon à elle de se relier au monde invisible. Elle a été récompensée au-delà de ses espérances. Ce signe unique et merveilleux lui confirmait qu'elle était écoutée, entendue, chérie. Son ange gardien s'est transformé en facteur et lui avait laissé un courrier par la Poste !

Quelques symboles

Vous seul pouvez reconnaître votre guide, car il s'adresse à vous à travers votre histoire, vos habitudes, votre sensibilité, votre prisme, comme dans le cas de Clémence ou de la famille bordelaise. Vous pouvez donc vous attendre (sans rien attendre...) à recevoir des signes personnalisés. Mais rien ne vous empêche, par ailleurs, d'observer certains signes, certains symboles qui font généralement consensus.

Les heures miroirs

Les heures miroirs, que j'ai précédemment évoquées, en font partie. Vortex entre nos deux univers, ces heures nous appellent à un temps d'arrêt. Si vous en voyez, c'est votre guide qui s'exprime. Quand cela vous arrive, lorsque des combinaisons telles que 11 h 11, 12 h 12, 13 h 13 s'affichent à plusieurs reprises, dans la même journée, sur votre téléphone, puis dans une gare, puis sur un panneau indicateur urbain, c'est qu'on vient vous parler. Dans cette situation, je ne cherche pas à comprendre. Surtout pas. Car on peut se dire alors : je vois des heures miroirs, et passer des jours à se demander pourquoi. Lorsqu'il se manifeste ainsi, je rends grâces à mon guide, le Roi de Cœur. Je suis prévenu. J'ouvre alors ma conscience et je tente d'accueillir du mieux possible la Présence et les messages qui ne manqueront pas de me parvenir dans les prochaines heures, si et seulement si je « décroche ». J'interprète donc les heures miroirs non comme un message en particulier, mais comme un cadeau que les guides nous font, une sorte de capsule d'amour qu'ils nous envoient pour recharger notre énergie et nous avertir qu'ils vont nous parler.

Les synchronicités

Je vous avais promis quelques mots sur les synchronicités. Ce terme très à la mode a été défini par le plus mystique des psychanalystes, Carl Gustav Jung, dans les années 1930. Il s'agit littéralement de simultanéités entre deux ou plusieurs événements n'ayant pas de relation objective de causalité. Pour le dire plus simplement, ce sont des coïncidences qui, chez un individu donné, sont porteuses de sens. L'exemple le plus célèbre est peut-être celui du scarabée. Carl Jung recevait une patiente bien trop « cartésienne » pour que la psychanalyse puisse opérer en elle. Or au moment même où celle-ci, en séance, racontait à son thérapeute un rêve dans lequel lui était apparu un scarabée doré, un spécimen du même insecte vint heurter la vitre du cabinet. Improbable, l'incident ébranla les certitudes de la patiente, dont les résistances furent vaincues.

Les synchronicités sont des irruptions du monde invisible (ici, le rêve) dans la réalité visible et tangible (ici, le scarabée venant « frapper » à la fenêtre). Mais pour que ces événements passent du statut de simples coïncidences à celui de synchronicités, il faut toujours qu'ils aient un sens profond en nous. Certains n'y voient rien de plus que le langage de l'inconscient. Vous me direz que c'est déjà beaucoup ! Selon Jung, l'inconscient est une réalité objective, un phénomène collectif et transpersonnel. Dépassant les individus, il a une existence presque autonome et peut influer sur le cours des choses et l'existence humaine. Les coïncidences répétées en sont sans doute la preuve : vous pensez à quelqu'un, et cette personne se manifeste, et ceci vous arrive trois, cinq, dix fois de suite dans la même année. L'inconscient se manifeste par un fil invisible que l'on appelle « télépathie ». C'est la transmission de pensées, d'une énergie porteuse de sens qui vient dans notre espace sensoriel. Les êtres de lumière sont justement dans cette dimension, celle de cette Conscience qui, paradoxalement, nous échappe la plupart du temps. Ce sont eux qui établissent les liens. Les guides nous parlent dans les rêves, mais aussi dans les personnes que nous rencontrons, dans des pensées ou des idées lumineuses. Ils vous conduisent vers un livre, que vous ouvrez à une page au hasard et il se trouve que cette page traduit parfaitement votre état d'esprit du moment ou vous donne une réponse à vos interrogations. Ce sont toutes ces rencontres fortuites, ces synchronicités qui tissent le maillage d'un monde unifié, entre l'au-delà et ici-bas. Qu'on parle d'inconscient ou d'univers invisible, c'est du pareil au même. La partie immergée de l'iceberg (le Grand Moi) apparaît dans une fulgurance à la surface des choses (le Petit Moi). Rappelez-vous. Les guides existent, que vous en soyez conscient ou non. Ce ne sont pas eux qui sont muets, c'est nous qui sommes sourds. C'est justement tout l'objet de notre apprentissage aujourd'hui : vous ouvrir à la connaissance de votre ange gardien et apprendre à communiquer avec lui.

Attention, tout n'est pas signe

Dans ce domaine, d'ailleurs, certains ne manquent pas de zèle et ont tendance à voir des signes partout. Lors d'une séance de dédicaces d'un précédent ouvrage, une dame s'est confiée à moi. Toute gênée, elle m'a avoué qu'elle ne savait plus distinguer un signe de sa propre interprétation. Elle se demandait si elle ne finissait pas par inventer une présence angélique et elle se sentait un peu enfermée dans ce carcan. Elle croyait voir des signes à tous les coins de rue et cela lui occasionnait des maux de crâne mémorables. Je lui ai conseillé de laisser de côté pour l'instant sa pratique spirituelle. De faire une pause. Non pas de l'abandonner, mais d'aérer son esprit avec des occupations toutes matérielles. C'est un moyen infaillible pour retrouver la solitude du Petit Moi et pour reprendre ensuite de la hauteur. L'obsession est l'un des pires écueils dans la communication avec les guides. Très souvent, les gens me demandent si une petite plume sur le chemin est un présage ou un symbole de leur présence. Bien sûr, les plumes évoquent la douceur, et il n'est pas malsain de le voir ainsi. Si votre mémé adorée les collectionnait, notamment les plumes de couleur, et qu'une plume colorée, un jour, vous tombe du ciel dans la main, ce hasard devient significatif, et l'on peut dire que c'est un événement, car c'est par le truchement de quelque chose qu'elle aimait que sa petite âme vient vous chatouiller. En revanche, j'aurais tendance à dire qu'*a priori*, la plupart des plumes que nous pouvons voir dans notre vie ne constituent pas forcément des signes. Ce n'est qu'un exemple. Je le cite parce qu'il est le plus fréquent, mais nous pourrions également évoquer la répétition d'un slogan qui semble vous poursuivre dans la rue, au moyen d'un panneau d'affichage. Un de mes fidèles clients avait pour projet de s'installer à New York et, en venant me voir en consultation, il est tombé sur une publicité d'une compagnie aérienne qui disait : « New York, c'est maintenant ! » Il y a vu un présage favorable de son ange gardien pour son projet outre-Atlantique. Sauf que dans l'intervalle entre chez lui et mon cabinet, il a revu cette publicité une bonne dizaine de fois. Cela semblait atténuer la pertinence de sa première observation. Ou alors est-ce son guide qui lui enjoignait de se ruer sur le premier avion ? Non, bien sûr. Si ce projet était son désir profond, lui ai-je répondu, il pouvait entendre là une confirmation de ses plans. La répétition ensuite n'était due qu'à l'arrosage intensif d'une campagne publicitaire, rien de plus. Et il s'agissait de le voir de cette façon. D'ailleurs, son ressenti premier était le bon puisque, depuis, il a quitté le sol français pour s'établir au cœur de Manhattan. Il m'a d'ailleurs envoyé un gentil mail. Il avait compris qu'un signe qui se répète ne vient pas forcément de l'insistance des guides.

Il faut se méfier de la pensée magique : si je pense à telle ou telle chose, telle ou telle chose m'arrivera. L'amitié avec les fées-marraines échappe à toute règle : on ne peut pas les enfermer dans des petites boîtes, ni provoquer leurs réponses comme on actionnerait un mécanisme. C'est tout le contraire : en voulant contrôler votre guide, c'est vous que vous enfermez. En recherchant les signes au lieu de les accueillir, en surinterprétant le concert du monde, vous vous contractez, et le Petit Moi reprend du service : ce sont alors l'attente, le découragement, le sentiment d'abandon. Je le répète : rechercher la présence de votre guide comme on attraperait des papillons au filet n'est pas la bonne méthode. Si vous avez compris cette perle de sagesse que j'ai mis tant de temps à comprendre, les trois quarts du chemin sont faits dans la communication avec votre ange gardien.

Développez patiemment votre attention à ce qui vous entoure. Faites de la place dans votre cœur. Vous vous ouvrez à la Présence. Maintenant que vous savez vous y prendre, vous posez une question qui vous tient à cœur. Et vous laissez faire, vous « débranchez ». Cette nuit, il vous visitera peut-être. Ou bien vous tomberez demain sur un livre qui répondra à vos interrogations. Une phrase d'un collègue de travail. Une vidéo qui attisera votre curiosité. Une affiche qui se décrochera au moment même où vous songiez à quelque chose d'important. Une rue dont tous les feux seront au rouge ou au vert à l'instant précis où vous vous demanderez s'il faut entreprendre telle ou telle chose. La variété des signes possibles est infinie. Prêtez-leur attention, mais tâchez de ne pas surinterpréter. Si le signe vous touche dans votre profondeur, s'il paraît parfaitement approprié à la situation et à la question que vous avez posée, alors il est pour vous. Sinon, c'est votre mental qui vous joue des tours : il vous fait croire qu'il y a des signes partout. Mais il ne vous donne aucune réponse satisfaisante, et vous empêche de percevoir les vrais signes qui, eux, ont du sens. En un mot, soit la survenue de votre ange gardien vous enchantera, soit il ne s'agira pas de lui.

Objectif 6

Reconnaître les réponses et discerner entre le mental et l'intuition

Le mental peut être très rusé et inventer, pour nous leurrer, de fausses intuitions qui en réalité prennent rapidement la tournure de peurs ou d'angoisses.
Il existe un moyen très simple pour faire la distinction : si vous sentez du stress, un raidissement intérieur, une contraction physique, ou si par ailleurs vous vous agitez au sujet d'un avenir incertain, c'est votre Petit Moi qui fait des siennes. Les guides apaisent tandis que le mental excite.

1. Activez les processus d'attention qui vous permettent d'accueillir les signes. Allongez-vous dans un endroit tranquille (chaise longue, fauteuil confortable ou, si le temps le permet, directement dans l'herbe). Prenez conscience de votre environnement. Le chant des oiseaux, le vent qui souffle dans les branches, les voitures et les autres machines qui passent au loin. Ouvrez votre conscience supérieure en bénissant le monde tel qu'il est et se présente à vous, qu'importe la situation. Rien n'est bien ou mal. Tout est là. Mettez-vous au diapason de ce qui vous entoure. Dans cet état, votre Petit Moi se tranquillise.

2. Laissez vos paupières flotter doucement sur vos yeux. Puis ouvrez-les et regardez le ciel. Regardez les nuages passer, ou s'il est bleu, plongez profondément dans cet azur comme dans l'eau de la mer.

Laissez votre mental, votre Petit Moi décrocher, se relâcher pour vous détendre totalement, et que votre guide puisse se manifester.

3. Recueillez vos impressions, voyez votre ange gardien à l'œuvre dans cette observation. Quelles intuitions vous viennent ? Quelque chose a-t-il changé autour de vous ? Notez les plus infimes détails. Car les réponses sont souvent sous vos yeux. Les manifestations de votre guide peuvent être le déplacement d'un objet, un appareil qui s'allume ou qui s'éteint, des vibrations, ou encore des pensées ou des émotions qui vont vous envahir.

4. Entraînez-vous pour atteindre un état vibratoire supérieur propice à sa venue.
N'hésitez pas à invoquer les personnages qui représentent le sacré pour vous, quels qu'ils soient.
Prêtez attention aux heures miroirs, aux synchronicités, signes de la présence de votre ange gardien et d'un message à venir mais sans surinterpréter.

5. Posez votre question, puis oubliez-la. La réponse viendra de quelque manière que ce soit.

7. Le dialogue est établi

Faisons le point. Depuis le début de cet ouvrage, j'ai énoncé quelques étapes simples mais indispensables pour faire le lien avec votre ange gardien. Résumons-en les temps forts.

Observer sans juger est la première clé

Découvrir ou redécouvrir votre environnement est la toute première chose à entreprendre, comme si vous arriviez en ce monde pour la première fois. Faites-vous le visiteur de votre quotidien. L'éducation du regard est un outil précieux pour s'ouvrir au monde invisible. Vous pouvez vous exercer à loisir et reprendre les thèmes que j'ai évoqués dans ce livre. Il n'est pas mauvais de revenir aux fondamentaux. Moi-même, lorsque je dispose d'un moment libre, je tâche d'observer autour de moi, cueillant du regard des petits détails que je n'avais pas remarqués. Quel est le bruit propre à ce quartier ? Son odeur ? Tiens, le fleuriste à l'angle de la maison a repeint tous ses présentoirs en bleu azur. Le petit magasin de réparation de vélos a toujours fort à faire. Aujourd'hui, il a installé un nouveau panneau avec les prix des cycles qu'il vend d'occasion. Que m'évoquent justement cette disposition des vélos, leurs couleurs, et ce réparateur absorbé dans sa tâche ? Ai-je regardé le ciel aujourd'hui ? Cela peut sembler simple, mais une attention tranquille et soutenue maintient l'esprit en éveil. En exigeant de lui un léger décalage vis-à-vis de la réalité, elle le sort de sa torpeur, du tunnel dans lequel nous sommes plongés sans nous en rendre compte.

Lorsque vous observez, jugez le moins possible. La tentation est grande de donner une couleur particulière aux actes, aux objets et aux gens. « Celle-là, je ne l'aime pas ! » Ou encore : « Il est nul, son restaurant, c'était mieux du temps de l'ancien propriétaire. » Si vous sentez de la colère ou de la hargne contre quelqu'un ou quelque chose, c'est qu'une émotion essaie de s'exprimer en vous et n'y parvient pas. Qu'est-ce que les reproches que vous voudriez faire à votre voisin traduisent de vos émotions propres ? Les jugements à l'emporte-pièce rétrécissent notre état de conscience. Le Petit Moi a tendance à tout réduire à quelques pensées générales et à enfermer son auteur dans des carcans résistants. L'ego a besoin de tout cataloguer. Il obscurcit vos pensées et fait écran à la partie supérieure de votre conscience. Préjugés et jugements sont les ennemis intimes de la paix intérieure. Il s'agit de les reconnaître pour ce qu'ils sont : des constructions mentales.

Certes, il est inévitable que vous ayez des opinions sur la vie, les gens. C'est en partie ce qui fait votre caractère. C'est aussi de cette façon que les autres vont vous percevoir et apprécier votre compagnie. Qui se ressemble s'assemble. On se rencontre par affinités sélectives. Mais peut-on résumer une existence à la somme de ses jugements, préférences ou aversions ? Il y a bien plus que cela. Quelque chose qui dépasse le cercle de vos amis, de vos amours, de vos croyances, de vos habitudes. Ce quelque chose se trouve au cœur du Grand Moi. C'est votre intuition. Elle est l'organe invisible qui vous relie à l'ange. Comme une corde d'argent qui vous rattacherait à la Source. C'est cette part « divine », pourrait-on dire, que nous recherchons ensemble aujourd'hui.

En vous rapprochant de votre ange gardien, vous échappez aux conditionnements, au déterminisme. De quoi s'agit-il ? Le déterminisme est un enchaînement de pensées, puis d'actions qui donnent lieu à des événements plus ou moins heureux. Certains l'appellent « destin » ou « karma ». C'est l'idée que les schémas mentaux auxquels nous sommes soumis et que nous répétons finissent par influer sur la réalité. Gandhi l'a résumé dans une phrase magnifique : « Surveille tes pensées, elles deviennent des mots. Surveille tes mots, ils deviennent des actions. Surveille tes actions, elles deviennent des habitudes. Surveille tes habitudes, elles deviennent ton caractère. Surveille ton caractère, il devient ton destin. » Tant que nous vivons dans l'inconscience (littéralement, sans avoir conscience de ce qu'on vit), nous répétons les mêmes schémas à l'infini. Ces mécanismes peuvent s'avérer très blessants et aliénants pour les personnes qui les subissent. Heureusement, les conditionnements ne résistent pas à votre intuition et à l'action de votre guide. L'intuition est un éclair dans le ciel. Elle vous traverse mais disparaît rapidement. Il faut donc savoir la saisir ! Grâce à elle, vos décisions échappent à la répétition, au destin. Ainsi, sans vous en apercevoir au début, chaque pas que vous faites vers votre guide est un pas en direction d'un mieux-être.

Sachez accueillir les émotions sans les retenir

La seconde étape de l'apprentissage, vous le savez maintenant, c'est d'accueillir vos impressions. Ce peut être des émotions devant un beau tableau, face à un paysage reposant, en compagnie d'une personne qui vous est chère. Ce peut être aussi une sensation désagréable, une douleur, un souvenir qui assombrit votre humeur. Une angoisse face à l'avenir, votre situation financière, des difficultés relationnelles ou matérielles, et bien sûr le deuil. Avec l'appui de votre ange gardien, vous allez apprendre à *ressentir* et *laisser aller*, ne pas retenir. Comme l'eau pure qui s'échappe du creux de votre main. Vous allez apprendre à accepter ces émotions comme elles se présentent, et à les laisser vous quitter, ce qui est certainement le plus difficile. La plupart des émotions restent cristallisées parce que nous n'avons pas su les lâcher. Inconsciemment, nous les retenons, et nous finissons par nous identifier à elles. Mais il ne sert à rien de les retenir. Rappelez-vous ce mot de Carl Jung : « Tout ce à quoi on résiste, persiste. » Le « lâcher-prise » n'est pas un vain mot. N'hésitez jamais à demander l'aide de votre ange gardien dans ces moments-là. Il allégera votre joug, éclaircira vos idées, vous en inspirera des pensées neuves. Votre foi en lui est le carburant, l'énergie qui soutiennent son action. Croyez en lui car il croit déjà en vous.

Soyez ouvert à la Présence à tout moment

Enfin, dernière étape, vous guettez la Présence en toute chose. Vous êtes à ce moment précis, *ici* et *maintenant*. C'est là que le Ciel s'ouvre et que tombent les fruits mûrs : vous voyez en filigrane ce qui ne se voit pas. Votre intuition éclaire désormais vos décisions, car votre ange gardien la diffuse en vous. Quelle joie d'être accompagné à tout instant de l'existence !

Fréquemment nous réagissons à un stimulus par un réflexe. Une voiture manque de vous écraser au passage piéton et vous voilà en colère. Vous pestez contre l'automobiliste, la terre entière. Ce genre de choses n'arrive qu'à vous, les gens n'ont plus de respect… Vous vous sentez déprimé. Ce n'est pas grave. Accueillez cette émotion, respirez profondément et laissez-la vous quitter. C'est le Petit Moi qui a réagi. Votre mental a été blessé par une conduite incorrecte. Mentalement, voyez la Présence dans cette situation. Je parle de votre ange gardien. Appelez-le. Convoquez sa douceur. Ressentez-la dans votre corps. Lorsqu'elle inonde et irradie votre être, le mal est déjà passé.

Un conseil : appelez votre ange gardien le plus fréquemment possible. À force, ces évocations agiront sur vous comme le mantra des hindouistes et des bouddhistes. En sanskrit, le mantra est « ce qui protège ou libère l'esprit de celui qui y pense ». C'est une formule sacrée à laquelle on attribue une puissance surnaturelle : celle de contenir la sagesse de l'univers entier en condensé et de plonger le sujet, à sa récitation, dans un état méditatif profond. Sans aller jusque-là (même si vous voyez que nous n'en sommes pas loin), l'évocation de votre guide aura le pouvoir, avec le temps, de vous canaliser vers votre Grand Moi en toute situation. Mais cela exige une longue habitude. Dès que vous avez une minute, cultivez donc votre jardin intérieur. Dans la journée ou le soir, rendez-lui régulièrement visite, en pensée, en mots, même en dessin. Dès que vous avez un moment à vous, confiez-vous à lui, parlez-lui de vos joies, de vos peines, de vos doutes et de vos espoirs. Ne vous défiez pas de votre guide, ne craignez pas de vous dévoiler.

Personne ne vous demande la perfection. L'humilité, l'ouverture du cœur, sont un sésame puissant. Vous êtes un être unique aux yeux de votre ange gardien, n'en doutez plus. C'est ainsi que vous développerez une amitié particulière qui jamais ne déçoit. Avec lui, faites de chaque expérience un éveil. De chaque épreuve un défi. C'est ce que désire votre guide. Et c'est la méthode la plus directe pour vous relier à lui.

Une certitude intérieure

Observation, apprentissage, ouverture à la Présence… Dans la pratique, ces trois phases se confondent. Je les détaille ici pour plus de clarté, comme on décomposerait un mouvement de gymnastique. Mais bien évidemment, tout peut arriver en même temps, avec divers niveaux d'intensité, des réussites suivies d'échecs et de nouvelles réussites. Le contact avec votre ange gardien est établi lorsque vous commencez à percevoir des signes. Il n'est pas nécessaire, pour cela, de suivre une méthodologie stricte. Ce que je vous expose est un entraînement, non une contrainte. Vous allez à coup sûr vous en servir pour commencer, mais très vite, vous trouverez par vous-même une pratique qui vous sera propre. Certains ont besoin d'une bougie, de signes ésotériques pour se connecter. D'autres ont façonné un petit autel sur lequel sont placées des pierres, une médaille, des photos… D'autres encore n'ont besoin de rien et se connectent avec la seule pensée, en tout lieu et quand ils le veulent. Chacun doit agir selon ses moyens et sa sensibilité.

Vous saurez quand le contact avec votre guide sera établi. C'est une sorte de certitude intérieure, une confiance nouvelle. Certains la qualifieraient de foi. Cela ne s'explique pas, il y a comme un supplément d'âme dans votre vie, quelque chose (quelqu'un) s'est connecté à vous. Pour d'autres, c'est à la faveur d'actes de la vie quotidienne que l'on réalise la présence de son ange gardien. Je voudrais illustrer mon propos par deux histoires singulières, celle de Mélanie puis celle de Béatrice. Elles ne sont pas reliées entre elles. Mais elles démontrent à leur façon de quelle manière les guides établissent le contact avec nous et comment cela est reconnaissable. L'une avec l'histoire d'un fameux tatouage, l'autre dans une improbable série de chiffres.

Un petit tatouage pour un grand signe

Ce matin, lors d'une séance en visioconférence, une jeune femme de 35 ans m'a demandé si son père décédé lui envoyait des signes. Je lui ai répondu qu'il était là, près d'elle. Dans une vision, j'ai reçu l'image d'un tatouage sur le devant de l'épaule droite. Ce tatouage avait une forme en demi-cercle, comme un croissant de boulangerie, mais avec des étoiles autour. Pourtant, ce n'était pas son père qui m'avait envoyé cette image. C'était le guide de ma cliente. Pourquoi donc venait-il pour évoquer ce tatouage, plutôt que son père ? Quand j'ai demandé à ma cliente si cela correspondait à quelque chose, elle a failli s'évanouir.

En reprenant ses esprits, elle m'a raconté ce qu'il s'était passé quelques mois plus tôt. Une dizaine de jours avant le décès de son père, elle était en vacances au Mexique. La veille de son retour, elle a senti une petite voix lui chuchoter de se faire faire un tatouage. Très ouverte aux signes et aux présages, Mélanie a compris que son intuition la guidait. À quelques pas de son logement, il y avait un salon dédié où elle a choisi parmi des centaines de modèles un petit croissant de lune constellé d'étoiles. Comme elle ne savait pas à quel endroit le placer, elle a demandé à ce qu'il soit gravé sur le devant de son épaule droite. Elle était ravie. Inexplicablement, ce dessin imprimé sur sa peau la rassurait, elle se sentait reliée, comme si ce tatouage la rapprochait du Ciel. Deux jours plus tard hélas, son père décédait d'une crise cardiaque. Il était mort, chez lui, dans son lit, paisiblement. Soufflée par le choc, elle n'a pu que s'effondrer. Après quelques jours de prostration, Mélanie s'est regardée dans la glace pour constater l'étendue des dégâts : ses yeux étaient ourlés de cernes noirs, témoins de la fatigue et de l'abattement qui avaient défait son beau visage. Mais elle a soudain sursauté : elle venait de se souvenir du tatouage qu'elle avait fait au Mexique. En découvrant son épaule devant le miroir de la salle de bains, elle s'est sentie soudain légère, comme si quelque chose ou quelqu'un avait retiré d'un coup le poids énorme qui pesait sur sa poitrine. Son père était près d'elle, invisible mais tout proche.

Son cœur était apaisé pour la première fois depuis plusieurs jours. Elle savait qu'il veillait sur elle et se portait comme un charme dans l'autre monde. C'était sa conviction et je le lui confirmais par mon ressenti. Une fois que Mélanie m'a raconté toute cette histoire, nous sommes restés silencieux quelques minutes. Nous étions tous les deux pleins de gratitude pour cette belle manifestation. J'ai demandé à ma cliente si elle voulait ajouter autre chose. Elle m'a dit : « Il y a quelque chose qui me turlupine, Bruno. J'ai fait faire ce tatouage avant la mort de papa. Il ne savait pas que je l'avais au moment de sa mort, je n'ai pas eu l'occasion de lui en parler. Alors, à qui appartenait la voix qui a chuchoté à mon oreille, et qui m'a décidée à me faire tatouer ? – C'est votre guide, chère Mélanie », ai-je répondu. Je sentais en effet en moi la lueur pénétrante de l'être ailé. « Lui seul pouvait savoir que votre papa était sur le point de quitter cette terre. Il vous a suggéré de faire ce tatouage, comme une marque de reconnaissance entre lui et vous. Il a permis à votre père de vous retrouver en mentionnant ce beau dessin sur votre peau, par mon truchement. C'est de cette façon que votre père a pu en parler durant notre séance. »

Mélanie était aux anges… c'est le cas de le dire ! Quinze jours environ après l'enterrement de son père et alors qu'elle procédait à des rangements, elle a senti comme un souffle léger sur son épaule droite. Elle a touché son tatouage avec tendresse, sûre de la présence de son papa à son côté. Mais une énergie plus forte s'est mise à irradier en elle et autour d'elle, de façon inhabituelle. Elle se sentait drapée dans une enveloppe lumineuse dont l'intensité dépassait l'entendement. Elle a alors compris que son père était là, et, dans un ressenti plus étendu, que son ange gardien avait établi le contact avec elle. C'est ce qu'elle m'a affirmé en conclusion de cette séance intense. Mélanie venait de vivre son éveil spirituel, la rencontre avec son ange gardien.

Une incroyable série de chiffres

C'est dans la vie de tous les jours, les actes de la vie quotidienne que vous aurez le plus de chances d'entrevoir la présence de votre guide. Nous ne pouvons pas tous agir comme les ermites ou les moines bouddhistes, qui dédient leur vie à l'adoration pour les uns, la contemplation pour les autres, et se retirent du monde pour cultiver la Présence, la chercher en toute chose. Pour nous qui avons une vie en société, c'est au cœur du quotidien que les manifestations des guides seront les plus visibles.

Beaucoup de gens attendent un miracle pour s'éveiller. Mais les prodiges comme la danse du Soleil à Fatima, au Portugal, en 1917, ou les apparitions de Lourdes, sont exceptionnels. Pour nous qui sommes appelés à vivre des événements « normaux », d'une certaine façon, point besoin d'attendre que le Ciel se déchire et qu'un vieillard à la barbe blanche vienne enseigner le peuple de la Terre. Car c'est précisément dans l'ordinaire que surgit le merveilleux. Écoutez plutôt.

Un samedi matin, la sœur d'une de mes meilleures amies – appelons-la Béatrice – se rendait au marché. Il était presque midi et il y avait un monde fou. Impossible de se garer pour rejoindre Jean, son mari, qui l'attendait au café. Les enfants avaient été déposés chez la belle-mère, car Jean et Béatrice appréciaient de se retrouver en amoureux pendant quelques heures, le week-end. C'était leur moment. Ensemble, ils faisaient leurs courses, main dans la main, comme au temps de leurs premières amours. Ce samedi matin-là, ils avaient prévu de faire un crochet chez le rempailleur, à côté de la cathédrale. Les chaises en osier de la cuisine méritaient un bon coup de jeune. Mais l'affluence était à son comble, et Béatrice avait fait pas moins de dix fois le tour du quartier sans succès. Il y avait des tas de véhicules sur le bas-côté et, décidément, les gens s'étaient garés n'importe comment.

Énervée, découragée, mon amie avise alors une camionnette qui semble faire marche arrière. « Enfin ! » s'écrie-t-elle et, mettant son clignotant pour indiquer qu'elle va prendre la place, elle se rapproche. Le conducteur se met à la manœuvre, et c'est là qu'un détail insignifiant la frappe. La plaque d'immatriculation de la camionnette n'est pas française. Rien d'extraordinaire, jusque-là. Mais en regardant de plus près, le cœur de Béatrice bondit dans sa poitrine. La plaque du véhicule affiche non pas deux, ni trois mais quatre 7 à la suite, ainsi que la lettre B suivie du chiffre 21. Son sang ne fait qu'un tour. Béatrice est née le 7 juillet 1977, c'est-à-dire le 7/7/77. La lettre « B » est la première de son prénom et, ce jour-là, on était le 21. Le souffle court, une fois le contact éteint, notre héroïne a pris la mesure de ce qu'elle venait de vivre. Ravie autant qu'ébahie, elle a retrouvé son mari tout imprégnée de ce signe incroyable auquel elle n'a cessé de songer tout le jour.

Comme nous nous connaissons bien, Béatrice m'a appelé le lendemain en fin d'après-midi pour me narrer son expérience hors du commun. J'étais moi-même interdit en écoutant son histoire. J'ai beau me relier quotidiennement à mon guide, dans ma vie personnelle comme dans mes rendez-vous, je ne me lasse pas de l'intelligence déployée par ces êtres merveilleux. Béatrice et moi avions eu l'occasion de nous entretenir sur les anges gardiens, un sujet qui la passionnait depuis longtemps. Depuis quelques années, elle collectionnait les moulages en plâtre représentant des angelots et des chérubins, et lisait quantité de livres sur la question. C'était son petit rituel à elle. Hélas, le chat de la maison avait posé ses pattes indélicates sur l'étagère où se trouvait sa collection et deux des figurines avaient fini leurs vies brisées sur le sol. Le chat avait déguerpi, et mon amie s'était assombrie. Elle y voyait un signe funeste. « Crois-tu qu'il va m'arriver quelque chose, Bruno ? » m'avait-elle demandé, anxieuse, quelques jours plus tôt. Je l'avais alors rassurée : inutile d'y voir un méchant présage et de paniquer, c'est là le Petit Moi qui s'exprime. En soi, cet événement peut vouloir dire à la fois tout et rien, et il suffit d'attendre que son sens s'éclaire. D'autant que je ne ressentais rien d'effrayant à son sujet. « Attention à la pensée magique, lui avais-je dit, tout n'est pas signe. Tu peux seulement constater que ton chat a été maladroit et tu en seras quitte pour acheter de nouveaux bibelots. » Huit jours plus tard, préparée par ce tout petit événement domestique, Béatrice recevait le plus beau des signes. Non seulement son ange gardien existait, mais il n'était ni de cire ni de plâtre. Et elle venait d'en faire l'expérience.

Pour Béatrice, l'irruption du « divin » s'est opérée dans le maillage même de la vie quotidienne. Je vous ai d'ailleurs donné cet exemple parce qu'il ne contient rien d'extraordinaire : ces chiffres, toute autre personne ne les aurait pas même remarqués, mais ils avaient un sens profond pour mon amie et ainsi, une plaque d'immatriculation, au bon endroit, au bon moment, a suffi à la bouleverser. On pourrait même aller plus loin et affirmer cette idée paradoxale que *la plupart des miracles du quotidien se provoquent*. Car plus vous progressez dans la communication avec votre guide, plus votre conscience se dilate et plus vous êtes susceptible de percevoir les signes que l'invisible place sur votre chemin. En ce sens, c'est votre cheminement intérieur qui induira des prodiges dans votre quotidien : des « miracles ordinaires », pourrait-on dire, que vous seul et vos proches serez à même d'interpréter, mais qui n'en existeront pas moins et vous seront révélés.

Les nombres

Pour en revenir à Béatrice, j'ajouterai que les séries de chiffres sont pour les guides un moyen privilégié d'attirer l'attention. S'il vous arrive à vous aussi de croiser une succession qui aurait du sens, accueillez ce beau message de leur présence à vos côtés. C'est leur façon de vous soutenir, de vous faire un clin d'œil, un encouragement. N'avez-vous jamais remarqué que tout devient plus léger lorsque le dialogue s'instaure ? On se sent transporté, armé de courage, conforté dans l'amour qu'ils nous portent.

Les nombres renferment des secrets que les scientifiques cherchent encore à percer. Chaque porte qui s'ouvre soulève de nouvelles énigmes qui, à leur tour, devront être déchiffrées… avant que l'esprit humain se heurte à de nouveaux mystères. Les nombres abritent des symboles puissants, autant qu'une énergie propre. Leur vibration est capable de nous atteindre. La numérologie, par exemple, étudie la relation entre l'homme et l'univers, au travers des nombres. Si l'on considère que tout peut être transcrit en chiffres, leur symbolique à travers les siècles nous donne de précieuses informations sur ce que nous sommes : personnalité, tendances, points forts ou faibles, etc. Si vous possédez un chiffre préféré, qui peut être votre porte-bonheur ou une date importante pour vous, que sais-je ? ce chiffre sera également un moyen de contact unique avec votre ange gardien.

Quand on évoque le nom de Dieu, on parle souvent du Grand Architecte, ou du Grand Mathématicien. Ce n'est pas un hasard. Dans leur livre *Dieu. La science. Les preuves*[4], Michel-Yves Bolloré et Olivier Bonnassies évoquent « un fin réglage de l'Univers reposant sur une vingtaine de nombres ». Selon les deux ingénieurs, « ces nombres […] émanent de calculs complexes d'un Dieu créateur vraiment très savant. [Ils] sont les piliers de l'Univers qui déterminent son existence, son fonctionnement et son évolution, et ce depuis le début ». Une seule erreur de calcul, et rien de tout ce que nous sommes n'aurait jamais existé.

Les nombres régissent l'univers. Or nos guides sont de l'énergie pure, des êtres de lumière. À travers les nombres, ils impriment leur présence. C'est leur code d'accès à notre monde. La suite de chiffres qu'a reconnue Béatrice en est une démonstration flagrante. Les mécanismes de l'univers dépassent vraiment notre entendement.

4. Éditions Guy Trédaniel, 2021.

C'est ce qu'exprimait en 1603, à sa façon, William Shakespeare. Faisant parler Hamlet, son héros, le célèbre dramaturge anglais écrit : « Il y a plus de choses dans le ciel et sur la terre que n'en rêve votre philosophie. » Nous sommes le fruit d'équations infiniment complexes, d'une multitude de combinaisons chimiques et chiffrées. Le résultat de ces calculs affolants, c'est vous, c'est moi. Qu'une telle succession d'événements mathématiques ait donné naissance au monde que nous connaissons force l'admiration et l'humilité. Que sommes-nous devant l'immensité de l'univers ? De l'infiniment petit, de l'infiniment grand ? Les deux, peut-être. Nous sommes à la fois *rien* et *tout*. C'est important de le comprendre pour percevoir les guides. Nous ne sommes rien parce que devant l'immensité de l'espace, l'infinité du temps, nos chairs périssables ne durent pas plus longtemps qu'un clignement de paupière. Nous sommes tout car c'est notre regard qui fait exister le monde, parce que nos existences sont la plus haute valeur qui soit. Il faut donc nous armer d'humilité, nous remplir d'amour et admirer le code majestueux qu'une force supérieure a créé. Ce code, vous n'avez pas besoin de le déchiffrer, ni même de faire de hautes études pour en comprendre le sens. C'est l'expérience qui vous le fera entrevoir. C'est à travers vos découvertes, vos rencontres, et somme toute, la vie quotidienne, que se révélera le visage de votre ange gardien.

Objectif 7

Nouer le dialogue avec votre ange gardien dans la vie de tous les jours

1. Établissez des rituels pour entrer en contact avec votre guide :

- Choisissez une bougie que vous réserverez à l'usage exclusif de vos rituels. Elle ne doit pas servir de chemin de table ou à éclairer la maison après que les plombs ont sauté. Elle peut être parfumée ou colorée, l'important est qu'elle soit à votre goût.
- Vous pouvez associer la bougie à la méditation de dessins appelés « mandalas ». Ils ont une très forte résonance sur l'âme. Il s'agit, en sanscrit, de « cercles sacrés » représentant l'univers. En les méditant, ou même en les coloriant, vous ouvrez votre Grand Moi. Vous pouvez en trouver de beaux spécimens dans les librairies spécialisées.
- Si vous le souhaitez, utilisez des objets comme une plume d'oiseau, un bâton d'encens et un petit tapis pour les poser.
- Vous pouvez enfin écouter une musique relaxante avec une vibration adaptée (on parle d'hertz, c'est-à-dire de fréquence du son). Certaines fréquences agissent sur le stress, d'autres sur l'intuition. La musique ancienne ou sacrée fait également très bien l'affaire pour ouvrir son cœur.

2. Quel est ou quels sont vos chiffres préférés ? Votre couleur de prédilection ? Convenez d'un code avec votre guide : quand votre couleur ou votre chiffre apparaît

quelque part (sur votre téléphone, dans une conversation, sur un panneau dans la rue…), c'est lui qui se présente. Même chose pour les heures miroirs : repérez celles qui reviennent souvent. Si ces manifestations se font à la suite de questions que vous avez posées, vous pouvez en tirer des conclusions.

3. Après que vous avez posé votre question, quelles sont les manifestations tangibles qui vous ont surpris ? Observez les picotements dans le creux de la main, les battements de vos cils. Plus tard dans la journée et dans les jours qui suivent, quelque chose a-t-il changé en vous ? Un soulagement ? Une inquiétude ? De l'attente ? Les émotions sont elles aussi significatives.

4. Trouvez un mot de passe qui vous place en connexion avec votre ange gardien : une courte prière, un mot (mantra) que vous pouvez répéter pour vous imprégner de son empreinte. Si vous êtes croyant, une prière que vous connaissez par cœur sera votre sésame. Sinon, une courte phrase que vous répétez plusieurs fois : « Ange gardien, ouvre mon cœur à ta présence. » Vous pouvez enfin scander des paroles utilisées par les yogis telles que *« Om Namah Shivaya »* (que l'on pourrait traduire par « saluer la vibration intérieure », c'est-à-dire se mettre au diapason de son Grand Moi, accueillir la Présence en soi. *Om* représente la vibration de l'univers, il est très utilisé dans l'hindouisme) qui ont une forte résonance vibratoire, apaisent le cœur et l'esprit tandis que vous les prononcez à plusieurs reprises.
Servez-vous de ce mantra avant un entretien important, lors d'un passage difficile ou à tout autre moment où vous

avez besoin d'aide et d'accompagnement. En prenant une grande respiration, ressentez les bienfaits que votre guide répand dans votre cœur.

5. Établissez une relation de confiance avec votre ange gardien : n'attendez pas les difficultés pour lui parler, soyez complices comme des amis de toujours, confiez-vous à lui.

6. Observez sans juger. Accueillez les émotions négatives, acceptez-les, puis laissez-les repartir. Pour cela appelez votre ange gardien et laissez sa douceur vous envahir. Soyez toujours ouvert à la Présence et écoutez votre intuition.

8. Traversée du désert

L'apprentissage, une étape inévitable

Tout apprentissage nécessite une phase d'initiation. C'est la découverte d'une nouvelle discipline. Lorsque vous apprenez à conduire, vous commencez par ingurgiter le Code de la route. C'est rébarbatif, mais dans cette phase théorique votre cerveau prend le temps de créer de nouvelles structures de pensée. Vos synapses établissent des transmissions entre les neurones, composant une arborescence nouvelle. Vous apprenez par cœur, sans tout comprendre. Vous faites quelques fautes, mais de moins en moins, car à force de répéter les leçons s'impriment.

Le Code en poche, vous passez à la pratique. Vous voilà au volant, avec le moniteur d'auto-école. Au début, vous calez et vous redémarrez souvent. Les cent passages en seconde vous coûtent la moitié de l'énergie de votre journée. Vient ensuite l'oubli du clignotant, du coup d'œil dans le rétroviseur. Les pensées s'embrouillent, vos gestes sont hésitants, maladroits. Vous maîtrisez les gestes un à un, mais pas tous en même temps. Votre esprit est en ébullition. Les vélos, les trottinettes, les scooters, les piétons, les panneaux, les feux, les priorités : tout demande une concentration extrême. Vous souhaitez bien faire, et pourtant les résultats tardent à venir. Et vous n'en êtes qu'au commencement. Après les créneaux, les petites rues à double sens, les avenues, vous affrontez le grand monde : l'autoroute. Il faut s'engager sur la bretelle et vous êtes paralysé. Les autres véhicules vous klaxonnent, ignorant ostensiblement le lumineux de l'auto-école. Le moniteur vous demande de prendre de la vitesse. Allez-vous oser accélérer ? Les gens roulent à toute allure, certains déboîtent sans coup férir. Les camions sont énormes, ils se décalent souvent à cause du vent, l'un d'entre eux manque de vous rouler dessus. Vos sens sont mis à rude épreuve.

Certains jours, vous êtes gauche, vous avez l'impression d'avoir oublié ce que vous avez appris. C'est le processus normal et une impression passagère. Car sans le voir au début, vous progressez. Insensiblement, l'inexpérience laisse place à une forme d'euphorie. Vous maîtrisez de mieux en mieux votre conduite. Vos gestes deviennent plus naturels, se muant en réflexes. Et un jour – c'est ce qui arrive souvent –, vous prenez conscience qu'il n'est pas si difficile de rétrograder et qu'il suffit d'accélérer franchement pour s'insérer comme il faut sur l'autoroute. Et après des semaines d'instruction, vous recevez par la Poste le fameux papier : ça y est, vous avez votre permis.

Découvrir une nouvelle discipline, c'est se l'approprier, faire siennes des règles qui ont montré leur efficacité mais que vous adaptez à votre tempérament. Dans le cas de la conduite, certains respecteront scrupuleusement les limitations de vitesse, tandis que d'autres, plus à l'aise, flirteront avec les maximales autorisées. Certains apprennent vite, d'autres ont besoin de plus de temps. Nous avons tous connu des personnes ayant dû s'y reprendre à deux, trois, quatre fois pour avoir leur permis, quand d'autres l'obtenaient haut la main du premier coup. Il n'y a là rien d'injuste : nous avons chacun des dispositions particulières et nous ne connaissons pas les difficultés que peuvent rencontrer ceux qui réussissent là où nous échouons.

L'euphorie des premiers signes

Apprendre à communiquer avec votre ange gardien exigera forcément quelques efforts au début. C'est nouveau. Votre esprit a besoin de s'adapter. Heureusement, dans notre cas, il n'y a ni points, ni Code, ni examen de passage, aucune réussite à atteindre, pas d'échec à déplorer. Tout se fait au rythme de vos saisons intérieures. Se détendre, écouter la Présence en vous, en toute chose est une pratique nouvelle. Rien, dans la société, n'y a préparé votre cerveau, qui doit assimiler la pratique, les rituels, créer de nouvelles formes de pensée et de sensibilité.

Vous vous mettez en phase avec votre Grand Moi, et voilà que le téléphone sonne, ou que des travaux commencent. Le marteau-piqueur, au loin, vous empêche de vous concentrer. Vous refermez les yeux, prenez une grande respiration. Mais à ce moment, vous repensez à la facture d'électricité ou à vos enfants qu'il faudra récupérer à l'école. « Ai-je bien confirmé le rendez-vous chez le dentiste, vendredi prochain ? » Ou bien : « Ma mère ne m'a pas rappelé, je suis inquiet. » Les pensées génèrent des émotions que votre corps va interpréter comme une alerte : vous vous raidissez, ce qui vous éloigne de l'état méditatif. Ces parasites mentaux sont inévitables, même pour les pratiquants confirmés. Si rien d'urgent ne nécessite votre intervention, laissez donc ces pensées intempestives traverser le ciel, comme des nuages. Restez calme. À un moment ou à un autre, votre esprit trouvera le chemin du vide et de la paix.

Durant cette aventure intérieure, vous allez faire des progrès. Surtout au début. L'attraction de la nouveauté, associée à des résultats encourageants, va vous stimuler, vous exalter, comme lors d'une relation amoureuse qui commence. Très vite vont se manifester des signes, des réponses aux questions que vous avez posées. Ce pourra être aussi des visions, un rêve, des ressentis de présence, une volée d'oiseaux survolant votre tête et semblant vous parler, un parfum, des nombres, des heures miroirs. Cette communication s'accompagnera invariablement du sentiment d'être habité, d'une certitude intérieure qui s'installera dans la durée. Le Grand Moi, votre part d'éternité, celle qui ne meurt jamais, semblera éclore et s'épanouir dans votre cœur. « Dans la joie, comme dans la peine, gardez le cap. Dans votre cœur réside l'immortel », m'a dit un jour un moine bouddhiste. Je l'appelle pour ma part l'ange gardien.

Vous allez ainsi faire des progrès rapides qui vous exalteront. Comme la vie spirituelle n'est pas une activité à part – ce n'est pas un cours de cuisine ou de poterie – ce sera tout votre être qui sera sollicité, dans tous les domaines et toutes ses dimensions. Qu'il s'agisse de vos amours, de votre métier, de vos loisirs, de votre sommeil, votre vie spirituelle irriguera tout, comme une source éternelle. Cette attention partira de votre propre corps et s'élargira ensuite à votre environnement immédiat, finalement à la vie tout entière. Au bout d'un temps, vous vous adresserez à votre ange à tout moment, presque sans vous en rendre compte. Vous en arriverez même peut-être à parler aux fleurs, aux oiseaux et aux gens, mais de l'intérieur. Rien n'est insignifiant pour les alliés du Ciel.

Puis la stagnation

À un moment donné pourtant, il est possible, il est même probable, que vous constatiez une stagnation. Vous avez appris plein de choses, vous avez entraîné votre pensée à de nouveaux rituels. Les progrès sont visibles et encourageants. Mais à présent votre enthousiasme retombe comme un soufflé. Rien de nouveau à l'horizon, et pire, vous régressez. Vous ne comprenez pas ce qui se passe. Un beau matin, pas différent des autres jours, la légèreté de votre esprit s'évanouit. Pas un signe qui vous rassure. Silence radio. Les oiseaux se sont tus, les jolis signes qui parsemaient votre chemin ont disparu. L'observation calme et attentive vous agace, les gens vous énervent. Vos nuits sont sans rêves. Vous êtes irritable, votre joie de vivre s'est envolée. Tristesse, vague à l'âme. Le moindre reproche déclenche une colère, une crise de larmes. Et comme si cela ne suffisait pas, de vieux schémas refont surface. Vous vous flagellez, et vous reportez finalement votre souffrance sur votre ange gardien. C'est la crise. « Tout ce travail, cette démarche spirituelle, ce n'était pour rien ? » « Mon imagination m'a joué des tours, je suis trop bête. » « Les guides n'existent pas ! » Au placard les bougies, l'encens et surtout le carnet de bord où vous consigniez vos rêves et vos progrès. Vous jetez le manche après la cognée.

Ce passage à la moulinette, je l'ai bien connu. Et à plusieurs reprises. À l'adolescence se posaient à moi des questions douloureuses sur la vie et la mort. Ces interrogations côtoyaient les tensions familiales, et certainement aussi ma puberté. Plus tard, jusqu'à ce que je réalise mon but dans la vie, j'ai affronté des montagnes russes vertigineuses. Aujourd'hui où je me sens fondé dans mes assises, j'accueille la vie non comme une épreuve, mais comme un défi. L'occasion d'évoluer, de mieux comprendre les ressorts de ma conscience et de celle d'autrui.

Ces passages à vide, je les appelle de l'« anémie spirituelle ». Une sorte de fatigue chronique qui peut aller jusqu'à un rejet intégral de la vie mystique. Évidemment, si votre cœur est trop lourd, il faut en parler à vos amis, à votre thérapeute. Ces moments de repli ne doivent pas vous isoler du monde. Mais sachez qu'ils sont tout à fait courants, je dirais même universels.

La « nuit de l'âme »

L'histoire de la spiritualité est jalonnée de phases euphoriques entrecoupées de déserts. Au XVIe siècle, saint Jean de la Croix, un prêtre espagnol admiré pour ses nombreux écrits mystiques, a beaucoup disserté sur ce qu'on nomme communément « la nuit de l'âme ». Ami proche de Thérèse d'Avila, il parlait de cette épreuve comme l'expérience d'une désolation spirituelle. Dans son poème au titre significatif, *La Nuit obscure*, Jean de la Croix parle d'un homme confronté à la perte de ses repères, ici sa foi en Dieu. Il évoque une « nuit de l'intelligence », « une nuit des sens », c'est-à-dire qu'il ne parvient plus à se fier aux images qu'il se faisait du Créateur. Toutes les manifestations sensibles semblent avoir disparu : le divin, le sacré (nous dirions l'invisible) ne résonne plus dans son cœur. La flamme ardente s'est éteinte.

Le monde s'est dépeuplé de ses voix. Ne restent que la solitude, la sécheresse et la mort.

« La nuit survient alors que le croyant progresse », écrit Jean de la Croix. Autrefois, on croyait que cette « nuit » venait du diable ou du tentateur, qui représentait l'incarnation du doute (« Tu ne réussiras jamais ! ») ou de la honte (« Pour qui te prends-tu ? »). Le diable vous tentait car vous échappiez à son contrôle. Il refusait de vous laisser voir la lumière divine et entreprenait tout pour vous égarer, y compris la honte, y compris les doutes. En termes plus modernes, on dirait plutôt que c'est l'ego qui obscurcit l'âme par son bavardage dévalorisant. Reprenant le dessus, l'ego vous insuffle la honte (« C'est ridicule », « Tu perds ton temps ») et le doute (« Comment peut-on s'imaginer qu'un ange s'intéresse à moi ? »). Ce bavardage intempestif se nourrit lui-même. Il peut même être relayé par votre entourage proche qui n'y croit pas ou ne veut pas reconnaître votre valeur. Si vous doutez, vous aurez d'ailleurs tendance à prêter davantage aux ricanements et aux critiques, et c'est là que vous serez tenté d'abandonner. C'est une « tentation », en effet, que de se laisser aller au découragement.

Un nouveau départ

Gravez cependant cette phrase dans le marbre : *c'est parce que vous progressez que la nuit tombe sur vous.* La régression est une forme d'évolution. Lorsque vous vous promenez en forêt, l'automne, le sol est jonché de feuilles mortes. C'est la mort partout, et si nous ne connaissions pas les saisons, nous serions désespérés de voir les arbres dépérir. Pourtant, les feuilles mortes forment du terreau pour l'avenir.

Dans votre nuit spirituelle, le Petit Moi s'empare de vous et vous donne l'illusion de l'échec. Comme le diable des chrétiens d'autrefois, il rétrécit votre vue et vous empêche de voir ce que ce passage à vide a de salutaire. Car comme bien souvent, la réalité est ailleurs. Ce que vous vivez là n'est rien moins qu'une refonte de votre existence. Il s'agit d'un nettoyage puissant de vos mémoires, familiale comme individuelle. Avant, vous viviez dans l'inconscience. Votre véritable nature était en sommeil. Et puis, lors de cet apprentissage, vous avez découvert l'existence de votre ange gardien. Votre âme s'est alors réveillée d'un long sommeil… Encore la Belle au bois dormant.

D'illustres saints ont laissé derrière eux un héritage spirituel considérable. Les dogmes moraux mis à part – chacun est libre d'en penser ce qu'il veut –, c'est une aide puissante pour les moments de creux que nous traversons. Le prêtre Ignace de Loyola, un autre grand saint, conseillait à ses disciples de ne rien faire aux heures de désolation. Fondateur des jésuites, il affirmait que le soleil brille pour tout le monde. Ce n'est pas à nous de juger l'évolution spirituelle des autres, et encore moins de nous-mêmes. Ne vous dévalorisez donc pas. Car le sens caché de votre « nuit » vous apparaîtra tôt ou tard. Comme le recommande Ignace de Loyola, ne prenez pas de grandes décisions lorsque la spiritualité se refuse à vous. Ne faites rien, laissez au soleil le temps de revenir. En mer, lorsque la houle se lève, la tempête gronde, ce n'est pas le moment de hisser la grand-voile, le mat n'y résisterait pas. Tout skipper vous le confirmerait. On tient solidement le gouvernail et on attend que le grain passe. Au cours de ces crises, tenez bon. Tâchez de ne pas trop vous identifier à ce qui se passe. L'ego peut se faire très menaçant, mais ce ne sont que des pensées. Vous avez la maîtrise, mais vous ne le réalisez pas. Alors surtout, n'abandonnez pas le navire.

Le premier réflexe est de se demander ce que nous avons fait de mal. Mais vous n'avez pas à culpabiliser ou à vous accuser de quoi que ce soit. Il est temps d'évacuer ces vieilles culpabilités. Et d'écarter les messages de soi-disant guides qui vous infligeraient des corrections. Ne disait-on pas, autrefois : « C'est le bon Dieu qui t'a puni » ? Encore aujourd'hui, certains se plaisent à rajouter du poids sur vos épaules endolories. Ne les écoutez pas.

Ces moments de doute existentiel, qui ne sont pas destinés à durer, ont en réalité une utilité bien précise. Il se passe quelque chose *sous* la surface. Des forces importantes sont à l'œuvre et consomment une partie de vos ressources spirituelles et physiques. C'est ce qui provoque votre épuisement. Vous êtes travaillé, bousculé, vous peinez, mais c'est pour de meilleurs lendemains. Ces mouvements de fond agissent comme des plaques tectoniques. Et vous en ressentez les remous jusque dans votre chair. C'est au cours de cette nuit de l'âme qu'il vous faudra faire un effort de mémoire. Vous rappeler les jours heureux où votre guide vous faisait signe, et surtout les raisons pour lesquelles vous avez voulu, la première fois, vous adresser à lui.

Votre ange gardien assure les réparations

Imaginez-vous en train de faire la croisière de vos rêves. Vous avez laissé au vestiaire tous vos soucis et vos préoccupations. Adieu la grisaille et la monotonie. À vous le dépaysement, le changement d'air, la vie de château. Vous montez à bord, et vous êtes immédiatement pris en charge par une équipe souriante. On vous souhaite la bienvenue, on vous dorlote. Vous n'avez rien d'autre à faire qu'à vous relaxer. Sur le pont supérieur, vous dégustez un cocktail fruité au bord de la piscine tout en embrassant la vue d'une mer azur. Les gens sont charmants, le personnel aux petits soins. Vous découvrez votre cabine, sobre, confortable. À travers le hublot, vous vous attardez un moment sur l'immensité de l'océan. Quelle merveille ! L'esprit s'emporte de joie. Vous n'êtes pas près d'oublier ce voyage et, de retour à la routine, son souvenir ravivera votre quotidien.

La nuit tombe. Après une journée dans l'eau et une copieuse sieste au soleil, vous rejoignez votre chambre. Les veilleuses s'allument, parant le bâtiment marin de lumières irréelles. Vous avez enfilé une tenue habillée en vue du dîner de gala. Vous vous asseyez autour de la table, à la place qui vous est réservée. En sympathisant avec vos voisins, vous apprenez que le paquebot a dû faire halte en pleine mer. Vous ne vous en étiez pas rendu compte. Les gens s'interrogent et s'inquiètent. La rumeur commence à courir dans la salle. Vous vous levez, sujet à une angoisse subite. Et si le bateau coulait ? « Mais non, c'est du solide, on n'est pas sur le *Titanic* », vous raisonnez-vous. La musique a cessé. Un officier prend le micro et fait une annonce. C'est le capitaine. Une avarie touche l'un des moteurs et nécessite l'intervention d'une équipe de plongeurs. Rien de grave, cependant ; la soirée peut suivre son cours. Une nouvelle annonce informera les voyageurs de la remise en route des machines. Chacun reprend sa place et l'orchestre entame une danse entraînante.

Tout cela a éveillé votre curiosité. Après avoir bu votre apéritif, vous vous éclipsez. Dans le couloir, vous avisez un membre du personnel et vous lui demandez l'état de la situation. Il ne vous apprend rien de plus et vous encourage à retourner à votre table. Vous le remerciez mais, pas très rassuré, vous allez faire le tour du pont. Le vent s'est levé, vous frissonnez. À bâbord, il y a de l'agitation. D'autres ont eu la même idée que vous et semblent observer quelque chose, en contrebas. En vous penchant à votre tour, vous découvrez un semi-rigide avec des plongeurs à son bord. Ils sont équipés d'outils sous-marins. Vous prenez part à la conversation. Un des moteurs auxiliaires aurait subi une avarie grave. Il faut le désengager et réparer l'hélice. Une opération délicate. Le vent continue de souffler. Vous n'en saurez pas plus ce soir.

Comme il fait frais, vous décidez de rentrer. Pendant le dîner, les conversations vont bon train, et des plaisanteries détendent l'atmosphère. Après une soirée animée, vous allez vous coucher. Mais votre esprit ne trouve pas le repos. Dans la nuit, vous vous réveillez en panique. Pas de nouvelles de la panne, tout est trop calme. Et si personne ne venait nous secourir ? Si les moteurs ne démarraient plus ? Y a-t-il assez de canots de sauvetage ? Vous vous levez, tournez, retournez dans l'espace devenu exigu de la cabine. N'y tenant plus, vous allez au poste de surveillance de l'étage. Un homme se tient là, avenant. Il tente de vous rassurer. Les réparations sont en cours, il faut patienter. Le mieux serait de vous recoucher et de dormir. Mais vous, vous êtes quitte pour une nuit blanche. Tout le monde dort du sommeil du juste. Seriez-vous la seule personne à vous inquiéter ?

Le lendemain matin, alors que vous prenez votre petit-déjeuner, le navire a repris sa course au terme d'une annonce officielle. Les plongeurs ont réalisé l'opération avec succès et le retour à la terre ferme se fait comme prévu. Vous avez eu une peur bleue, cette nuit. Vous réalisez à quel point votre esprit s'est emporté. Tout s'est pourtant bien passé et vous n'avez pas été déçu de votre voyage. Sur un plan symbolique, que signifiait donc cette panne ?

Elle représente votre situation. Vous vous trouvez au cœur d'un parcours spirituel exaltant. Vos progrès sont visibles : tout s'arrange, tout s'illumine. L'humeur est au beau fixe. Mais un matin ou un soir, tout s'arrête, subitement. L'intuition est en berne, le contact avec votre guide est rompu. L'inquiétude monte et vous ne saisissez pas le sens de cette épreuve. C'est la nuit de l'âme, la panne de tous vos moteurs. Vous vous débattez avec vous-même et votre esprit s'embrouille dans des sentiments contradictoires. Mais cet arrêt intempestif n'est que l'apparence des choses. Vous pensez être seul, abandonné. Vous ne l'êtes qu'en surface. Car en dessous, ou derrière cette impression, il y a la Présence, immuable. Et qui dit Présence, dit énergie et dit ange gardien. L'équipe de plongeurs, c'est lui. Il vient réparer un moteur qui serait tombé en berne. Vous connaissez l'adage : « Les choses n'arrivent pas par hasard. » Il y a toujours une bonne raison à ce désert. La machinerie est mise à l'arrêt. Votre guide nettoie votre énergie, débarrasse votre esprit d'anciens schémas. C'est une couche qui disparaît pour plus de conscience, plus de lumière. Vous vous renouvelez en profondeur. C'est l'aventure de votre vie !

Les moments de crise et de crispation sont inévitables. Mais la façon dont vous y réagissez peut être modifiée. C'est là tout le travail de votre guide. Dans les moments de doute ou de tristesse profonde, laissez-le agir lui qui, comme nos plongeurs, répare sans qu'on le voie une machinerie dont les rouages sont bloqués. Il s'occupe de votre âme. Et si votre âme n'est pas dans son axe, vous n'irez pas bien loin. Quand vous trébuchez, acceptez de trébucher. Tenez bon. Relevez-vous ensuite et avancez. Tout est en avant.

Objectif 8

Accepter le vide apparent sans se décourager

1. Dans les moments de désert intérieur, sans ressentis ni signes venant de votre guide, armez-vous de patience. La patience est une vertu sans pareille. Rappelez-vous de ne rien forcer et accueillez votre état intérieur du moment comme il se présente.

2. Pour vous aider dans ce passage à vide, allumez une bougie, un petit bâton d'encens et méditez. C'est justement à cette occasion qu'il est opportun de renouveler un rituel. Passez quelques minutes en état de recueillement. N'attendez rien et changez-vous les idées.

3. Quand l'humeur est maussade, que vous avez des idées noires, secouez-vous régulièrement, ébrouez-vous, faites quelques mouvements pour vous dégager. Vous évacuez ainsi l'énergie basse. Favorisez des lectures et des musiques légères, inspirantes, qui ne soient pas mélancoliques. Faites autre chose, ne pensez plus à la spiritualité. Donnez un peu d'attention à votre Petit Moi.

9. Les fruits sont mûrs

Après les traversées du désert viennent toujours de belles forêts et des villes florissantes : une foi encore plus forte parce que renouvelée. Le temps était maussade, les attaques du Petit Moi incessantes. Mais soudain le ciel s'éclaircit. L'hiver s'incline devant le printemps. C'est une ouverture au monde. On acquiert un sens de la vie différent. Le cœur est apaisé.

C'est justement au cours de la période la plus difficile que le sens de votre existence a changé. L'être humain, comme tout ce qui est dans la Nature, subit des transformations radicales et indispensables à sa survie. Tout ce qui existe est appelé à mourir pour naître à nouveau. Votre âme n'y échappe pas, car elle est incarnée ici-bas. Chacun connaît le dicton de Nietzsche : « Ce qui ne me tue pas me rend plus fort. » Les défis de la vie forcent à lâcher ce qui est inutile ou illusoire. Vous sortez rincé d'un tsunami émotionnel. Revenu à la terre ferme, votre regard a changé.

Dans cette aventure aussi bien humaine que spirituelle, l'assistance de votre ange gardien est précieuse et constante. Jamais il ne se défausse. Il connaît vos états d'âme. Il sait quand vous êtes heureux ou malheureux, sûr de vous ou hésitant. Il se réjouit de la confiance que vous mettez en lui. Vous travaillez désormais main dans la main.

J'ai souvent évoqué dans ce livre l'idée que le guide est là, que vous le voyiez ou non. C'est vrai. Les anges n'attendent rien de vous. C'est dans leur ADN de vous protéger, de vous aimer. Qu'un seul être s'éveille, et c'est la joie dans le Ciel. Hélas, une grande partie de l'humanité a pris le Petit Moi comme maître et n'écoute pas son Grand Moi. Or le champ d'action des guides est considérablement réduit lorsque les hommes vivent sans conscience.

Le jeu des couleurs pour vous relier à votre Grand Moi

Si, certains jours, vous peinez à ressentir les effets de votre communication avec les guides, ne vous en faites pas. Vous avez besoin d'un peu de renouvellement. Comme dans toutes les relations, celle avec votre ange gardien peut être sujette à la monotonie. Changez alors vos habitudes. Je vous propose dans ce cas un petit exercice utile et amusant : le jeu des couleurs.

Un jour, un client m'a offert un écrit plein de génie intitulé *Le Petit Livre des couleurs*[5], de Michel Pastoureau

5. Éditions du Panama, 2005.

et Dominique Simonnet. Je l'ai dévoré en quelques heures. Les deux auteurs y présentent les principales couleurs, leur signification, leur importance dans la vie de tous les jours. On y apprend comment elles sont vues et interprétées dans différentes parties du monde et à diverses époques. Leur symbolique, leurs usages, leur rôle dans l'art, notamment, y sont évoqués. La psychologie tient aussi une place de choix dans cet ouvrage qui nous fait redécouvrir ce qui a toujours été sous nos yeux. Le rouge, par exemple, a longtemps exprimé la puissance, la richesse, la majesté et le pouvoir des rois. Au Moyen Âge, il a été associé au sang du Christ sur la croix. Le vert, lui, était essentiellement rattaché au jeu, au hasard. Ce n'était pas forcément une couleur positive jusqu'à une époque plus récente, où il a commencé à représenter la Nature. Aujourd'hui, le vert est davantage lié aux professions médicales et aux soins, en général.

Pour ma part, j'ai toujours été attiré par le bleu. J'en ai d'ailleurs fait l'habillage de ma série YouTube. Cette couleur m'inspire et m'apaise. Au cours de l'histoire, elle a longtemps été délaissée, boudée, pour devenir ensuite le symbole de la monarchie. Pour les alchimistes, l'aura bleue est liée à la spiritualité, aux capacités intuitives. On dit également que c'est la couleur de la Vierge Marie. Nous mettons donc de la pureté dans le bleu – mais vous le saviez avant que je vous le dise, et c'est là toute la magie du *Petit Livre des couleurs*.

J'aime alterner mes rituels. Parfois, cela ne me dit rien de retrouver mentalement mon lieu sacré. Quand je suis lassé de me rendre dans cet endroit, je ne m'alarme pas, mais je choisis plutôt d'élever mon esprit en méditant sur une couleur en particulier. Vous pouvez jouer avec elles. En récupérant des tombées de tissus, par exemple. Pour les plus manuels, vous découperez des carrés de taille identique que vous fixerez sur un morceau de carton. Vous pourrez ainsi observer votre ou vos couleurs à loisir. Sinon, téléchargez sur Internet un nuancier que vous ferez alterner sur votre fond d'écran. C'est une façon ludique de vous relier au monde spirituel, à votre Grand Moi. Et le bon côté, c'est que les nuances des couleurs sont infinies. En fonction de votre humeur, de votre état d'esprit, choisissez celle qui vous attire et vous rend réceptif. Cet exercice est excellent pour développer votre intuition. La petite voix de votre guide ne tardera pas à murmurer à votre oreille. Il s'agit, là encore, de rien d'autre qu'un sésame ouvrant la porte de l'invisible. On se sert de la matière pour se connecter à l'immatériel : un classique.

Comment être sûr d'être en présence de son guide ?

Je voudrais aborder ici une question qui revient souvent dans les commentaires sur les réseaux sociaux et qui découle de ce qui précède. Une fois que vous avez instauré un rituel, celui des couleurs par exemple, il arrive que vous perceviez une altération de votre environnement : un picotement dans les mains, une fraîcheur inhabituelle dans la pièce, un souffle chaud qui effleure votre joue, un silence soudain, le sentiment d'une présence invisible. Ces manifestations sont normales et ne justifient aucune inquiétude. C'est un des moyens qu'emploient les anges pour vous signaler leur venue. Mais le doute s'immisce dans votre esprit : et si ce n'était pas un ange, mais une entité malfaisante ? Des esprits moqueurs, pareils à de mauvais génies, pourraient-ils se jouer de vous ? Et si vous et vos proches étiez en danger ? La littérature ésotérique abonde d'exemples ou de mises en garde bien souvent excessives.

J'ai parlé plus haut de l'importance de l'empreinte attachée à des personnes ou à des lieux. Il ne s'agit pas d'âmes enfermées dans un château hanté. Il s'agit seulement de stigmates, de résidus de souffrances. Même si leurs manifestations inspirent la peur, il n'y a rien ici à craindre que la peur elle-même. Ces empreintes stagnent comme de l'eau saumâtre mais ne représentent pas une menace.

Si vous suivez votre rituel comme je vous en ai indiqué le déroulé, il y a très peu de risques que vous soyez le témoin de tels égrégores. Ces faits restent rares et n'ont aucun rapport avec votre guide. Pour vous rassurer tout à fait, utilisez votre mot de passe ou une courte prière invocatoire qu'il n'est jamais vain de répéter. J'utilise quant à moi une règle, une constante que vous pouvez aisément appliquer. Je l'ai appelée « la règle des trois C » : Calme, Confiance, Conscience. Si vous la suivez, elle agira comme une boussole dans votre parcours spirituel.

Calme : une manifestation angélique doit avant tout vous apaiser. C'est une bouffée d'air pur. Une excitation passagère lors d'une synchronicité est on ne peut plus normale. Vous réagissez avec enthousiasme au clin d'œil de votre guide. En revanche, méfiez-vous d'une exaltation excessive, car votre Petit Moi n'est pas loin dans de telles émotions. Le mental toujours sur le qui-vive va tenter de s'accaparer les bénéfices de votre exaltation en improvisant des scénarios de toutes sortes. « Est-ce bien mon guide ? » « N'ai-je pas rêvé ? » « S'il m'envoie une deuxième fois le même signe, alors je croirai en lui. » Une deuxième fois, puis une troisième et une quatrième, puis vous tombez dans la pensée magique. À la suite d'une synchronicité, d'un signe venant vraiment de votre guide, vous devez vous sentir calme et serein.

Confiance : la communication avec votre ange procure du bien-être et de la sérénité. Si cela occasionne du stress, des angoisses, une remise en question, ne vous attardez pas. Changez d'air. Ce n'est pas le bon moment pour vous. Un exemple : admettons que vous ayez posé une question sur votre carrière et la façon de gérer votre nouveau poste. Au lieu d'une intuition éclairée, qui vous suggérerait, disons, de prendre conseil auprès de telle personne avisée, vous recevez mentalement des images violentes qui n'ont rien à voir avec la question. Inutile d'aller plus loin. Il y a des parasites sur la ligne. Vous y reviendrez plus tard. Refermez votre rituel et passez à autre chose. De la même façon, si vous entendez ou croyez entendre un guide vous suggérer un acte répréhensible ou dommageable pour vous, il est fort probable que votre imagination vous joue des tours… Un signe doit vous donner confiance en vous et dans la vie.

Conscience : la fréquentation régulière de votre ange gardien vous apporte force et énergie spirituelle. Vous recevez sa joie en partage. Si la communication vous occasionne chagrin et mal-être, vous faites fausse route, vous n'êtes pas au bon endroit. La joie de votre guide n'est pas sujette aux éléments ou à vos variations d'humeur. C'est une émotion tout intérieure, qui dilate votre cœur. Votre état vibratoire s'élève et vous cheminez dans une conscience accrue. Les mystères de la Nature, de l'univers suscitent votre curiosité. Vous recherchez la compagnie de personnes qui vous élèvent. Vous vous éloignez des gens toxiques et vous prenez soin de vous. Voici l'effet durable et visible de l'action de votre guide : augmenter votre conscience et votre amour.

Calme, confiance et conscience : si l'un de ces trois « C » n'est pas au rendez-vous, prenez vos distances avec une situation. C'est la plus sûre manière de vous protéger.

Quand notre guide nous met en garde

Mais alors, me direz-vous, que se passe-t-il si l'on n'écoute pas les conseils de son ange gardien ? Si, au lieu d'interroger son intuition, on suit son Petit Moi ? Bien souvent, cela vous mène sur le mauvais chemin. En langage biblique, on appelle cette situation « commettre un péché ». Ce mot, je vous l'accorde, a des relents de Jugement dernier… Mais je vous propose d'y regarder de plus près. En hébreu, le mot « péché » se dit *chatta'ah.* Il signifie « manquer sa cible ». Voilà quelque chose d'intéressant. On trouve la même racine en italien : *peccato,* c'est-à-dire « dommage ». Vous aviez une occasion de bien faire, de vous mettre au diapason de votre guide et vous l'avez manquée, vous avez oublié de la saisir, ou vous n'avez pas eu confiance. Ce sont des choses qui arrivent. Combien de fois vous êtes-vous exclamé : « Si j'avais su ! » alors que vous saviez, car une petite voix vous avait poussé, dans un choix, à prendre l'autre chemin. Cette voix, c'était celle de votre compagnon invisible. Pour une raison qui n'appartient qu'à vous seul, vous ne l'avez pas écoutée. Mais vous ferez mieux la prochaine fois, voilà tout. Rappelez-vous : la vie vous propose des défis et votre guide vous aide à les relever. C'est d'ailleurs un défi de taille qui s'est présenté au jeune homme dont je vais maintenant vous raconter l'histoire. Il aurait subi une horrible escroquerie si, à plusieurs reprises, il n'avait pas écouté son guide.

Paul et les tourterelles

Il y a environ six mois, un jeune chef d'entreprise est venu me consulter. Vivant à Nice, Paul, l'heureux papa d'un petit garçon de 3 ans, est très ouvert à la spiritualité. Il suit mes vidéos avec assiduité, notamment les guidances, qui ont cette vertu de l'apaiser. Paul voulait me rencontrer en vrai, et a profité d'un déplacement à Paris pour prendre rendez-vous à mon cabinet. Sa demande était claire : il souhaitait apprendre à communiquer avec son ange gardien.

Paul m'a raconté son expérience aussi magique que bouleversante. C'est à l'occasion de son mariage avec Stéphanie qu'il a eu une révélation. Alors que le couple se tenait sur le parvis de l'église pour la photo officielle, un couple de tourterelles s'est posé à leurs pieds, indifférentes aux cris de la foule et à l'agitation. L'un des deux oiseaux s'est alors rapproché du marié en tirant du bec le bas de son pantalon de costume. Comme il s'acharnait, Paul n'osait pas le chasser. On aurait dit que la tourterelle voulait lui dire quelque chose. La scène a duré plusieurs minutes, déclenchant la curiosité et l'hilarité générale. L'un des témoins l'a gentiment brocardé : c'est aux grains de riz que ces tourterelles en ont, pas après lui ! Des larmes s'étaient mêlées aux rires : d'instinct, et peut-être par une étrange compréhension des choses, Paul savait que son guide était venu à lui. Les deux tourterelles se sont alors envolées au milieu de cris de joie, comme dans un rêve.

Paul a vu dans cet épisode inouï la bénédiction de son mariage. La comparaison des ailes angéliques avec les oiseaux lui a sauté aux yeux. C'était pour lui une synchronicité évidente. Les anges lui apportaient la paix.

Les semaines ont passé, et son travail l'occupant à plein temps, Paul a mis de côté le sujet. Jusqu'à un matin de septembre. Réveillé plus tôt que d'habitude par des petits coups frappés à la fenêtre, il s'est levé en prenant soin de ne pas réveiller sa femme. En soulevant doucement le rideau, il s'est retrouvé nez à nez avec une tourterelle qui faisait les cent pas sur le rebord de la fenêtre. Cette fois encore, pas de doute : son guide venait lui parler. Seulement, cette occurrence s'est répétée le lendemain, et le jour d'après. En tout, trois fois. Les pieds nus, en pyjama, Paul tremblait comme une feuille. Qu'avait-on à lui dire ? Comment l'interpréter ? Les jours suivants, il a tourné ces questions dans tous les sens. Et, un soir, il a décidé de prendre rendez-vous avec moi.

Dès le début de l'entretien, j'ai senti la présence de son ange gardien. Cela ne faisait aucun doute, et lorsqu'il m'a narré l'aventure du jour de son mariage, j'ai salué intérieurement celui qui avait si bien su attirer l'attention du jeune marié. Quand je reçois un message d'un guide, c'est une énergie de haute intensité, qui n'est pas reliée à un événement ou à une histoire en particulier, à la différence des signes que m'envoient les défunts. Il s'agit d'une autre qualité de la Présence, qui dégage autorité et bienveillance. Depuis ma rencontre avec le Roi de Cœur, je perçois en un clin d'œil cette différence. Et j'aime autant transmettre les messages des guides que des petites âmes.

Paul était un peu anxieux. Aussi, je lui ai proposé d'effectuer une harmonisation de son énergie. Après quelques mots d'introduction, je me suis mis en condition pour ouvrir mon Grand Moi. Mon esprit au calme, j'ai survolé mentalement l'univers de Paul. J'appelle cela « prendre le pouls spirituel ». À l'aide de certains gestes, j'effectue un « scan » énergétique qui me renseigne sur l'état de proximité avec son guide. Nul besoin d'un contact physique : mon aura s'élève, se rapproche de celle de mon interlocuteur. J'en perçois alors les forces et les faiblesses. En fonction de l'état émotionnel, du contexte de vie du sujet, le contact est encombré ou au contraire très accessible. C'est un fait. Lorsque vous êtes fatigué, physiquement ou nerveusement, la connexion se brouille. Prendre le pouls spirituel me permet de jauger les réserves d'énergie et de les rééquilibrer. Je précise que cette pratique n'a rien de scientifique ou de médical. Je me contente d'harmoniser les canaux de communication et de remettre la personne dans de bonnes dispositions.

Dans cet état, il n'est pas rare qu'apparaissent des personnes passées dans l'autre monde, proches de leur propre guide. L'analogie avec le milieu aquatique est assez parlante. Je songe aux magnifiques et imposantes baleines, dont le ballet plein de grâce force l'admiration. Les petits suivent avec confiance la direction prise par la mère. La famille côtoie d'autres espèces, qui elles-mêmes évoluent en groupe. Cette image m'a toujours fait penser aux guides : il existe des familles d'âmes dans l'au-delà, qui se sont rencontrées dans ce monde-ci. Elles se retrouvent là-haut, où elles rejoignent leurs proches ainsi que leurs guides respectifs.

Paul s'est senti mieux. Il distinguait entre autres des picotements dans les mains et dans le cou tandis que je travaillais. C'est quelque chose de fréquent. Le rééquilibrage se fait sous l'action des guides. J'associe systématiquement le Roi de Cœur à mes séances. Il me chuchote la marche à suivre et m'oriente sur les points à aborder avec mon interlocuteur, tout en me confiant un surplus d'énergie que je peux redistribuer.

Après cette étape, j'ai confirmé à Paul sa proximité avec son être de lumière. Sa visite à la fenêtre par l'entremise de cette tourterelle peu farouche, alors qu'il venait de se marier, était comme une bénédiction de leur union, ce dont il ne doutait pas. Mais quelle signification donner aux deux autres apparitions ? m'a demandé mon interlocuteur. Une vision s'est alors emparée de moi. La venue de la tourterelle au mariage, plus trois autres manifestations à la fenêtre, cela faisait quatre. Le chiffre quatre lui évoquait-il quelque chose ? Paul s'est gratté la tempe. Franchement, il ne voyait pas. J'ai insisté, en forçant mon intuition. Ce chiffre pourrait-il correspondre à un lieu, un numéro de voie ? Le visage de Paul s'est éclairé : c'était en effet l'adresse d'un potentiel investissement !

La petite voix amie dans mon oreille m'a suggéré de demander à Paul où en étaient ses projets. Il est propriétaire d'un petit restaurant à Nice qui affiche de belles performances. Quand il est venu me voir, il s'interrogeait sur l'opportunité d'ouvrir une deuxième enseigne, un peu excentrée, mais avec un gros potentiel. Et elle se trouvait au numéro 4 de sa rue. Paul espérait de cette séance une aide précieuse dans cette future décision. Fallait-il acheter à cet endroit ? Quels étaient les conseils de son guide ? Pouvais-je l'aider à discerner la fiabilité du projet ?

Je reste prudent lorsque de telles questions me sont posées. Je rappelle que je ne prédis pas l'avenir et ne possède pas la science infuse. Je préfère donner les clés à mes clients pour qu'ils trouvent en eux-mêmes les ressources nécessaires. Je ne refuse pas pour autant d'apporter ma pierre à l'édifice, charge à eux d'exercer leur libre arbitre. Dans un ultime effort (bien que rien ne soit du ressort de la force), j'ai demandé au Roi de Cœur s'il pouvait m'apporter son aide sur ce point.

Une voie bien indiquée

Pendant deux, peut-être trois minutes, j'ai fermé les yeux. Durant ce temps de silence, il régnait dans la pièce une atmosphère inhabituellement lourde. À l'intérieur de moi-même, je sentais que ce projet présentait des failles, mais je ne savais pas comment l'expliquer. Quand j'ai rouvert les yeux, la réponse s'est présentée comme une évidence : « Tombe dans le panneau ! » Paul et moi nous sommes regardés, interloqués, puis nous avons éclaté de rire. Ce message ne voulait pas dire grand-chose, ou plutôt il voulait tout dire à la fois. J'étais confus, mais je savais d'expérience qu'il ne faut jamais se fier à l'apparente absurdité des messages. Cependant, je ne voulais pas insister, car encore une fois, je ne prédis jamais l'avenir et je me contente d'interroger les intuitions de mes clients. À la fin de la séance, j'ai tout de même exprimé quelques réserves quant à son projet, en lui conseillant de se prémunir au maximum. Nous avons pris rendez-vous deux semaines plus tard pour avancer sur son apprentissage.

Les quinze jours s'étant écoulés, nous avons eu, Paul et moi, notre première séance d'accompagnement. J'allais commencer avec lui un exercice de connexion à la Présence. Je prévoyais également de lui parler de la règle Calme, Confiance et Conscience, trois repères indispensables pour qui débute dans l'apprentissage des guides. Mais il était tout excité et s'est excusé de m'interrompre. « Bruno, il m'est arrivé une drôle d'aventure, m'a-t-il raconté. Il y a quelques jours, j'avais rendez-vous avec l'agent immobilier chargé de la transaction, pour mon investissement. Nous faisions ensemble le tour du lieu. Je ne m'étais pas trompé, il a du potentiel. À l'intérieur, le sol était jonché d'anciennes publicités et de flyers pour des livraisons de pizzas. Mais au milieu des déchets, j'ai heurté un panneau de signalisation en métal, de ceux qui indiquent les directions. En me baissant, je l'ai retourné : c'était un gros sens interdit avec une légende en anglais : *"NO WAY"* (c'est-à-dire "Pas question !"). » Ce signe fortuit a agi en lui comme un électrochoc. Une douche froide. « J'étais si enthousiaste la minute précédente et à présent j'étais en plein doute », répétait-il. Sur le papier, l'affaire était viable. Il avait passé plusieurs nuits blanches à établir un prévisionnel qui tenait la route. Son banquier le suivait, et tout augurait d'un lancement réussi. Pourtant, ce signe l'a dérangé et il aurait préféré ne pas « tomber » dessus.

Prudent, Paul a retardé l'acquisition pour réfléchir à tête reposée. Il en a parlé à sa femme qui ne voyait pas l'affaire d'un mauvais œil. Elle lui a malgré tout conseillé de faire le tour d'autres affaires potentielles. Dans un moment d'intuition très fort, une idée lui est alors venue : aller voir au tribunal de commerce. Les affiches judiciaires informent en effet des reprises de baux ou de fonds à la suite de liquidations. Peut-être y trouverait-il son compte.

Sur place, Paul a relevé quelques annonces intéressantes. Hélas, les prix et les emplacements ne correspondaient pas à ses critères. Un peu déçu, il s'apprêtait à ressortir quand un article épinglé sur le tableau d'affichage a attiré son attention. On y parlait d'une affaire d'escroquerie dans une pizzeria du n° 4 de la rue en question, son affaire ! L'ancien gérant, propriétaire du fonds, s'était envolé avec la caisse, et il était recherché pour abus de biens sociaux et détournement de fonds. La pizzeria avait abrité rien de moins qu'un trafic de blanchiment d'argent avec l'Italie. Paul est tombé des nues. On se serait cru en plein western. L'article concluait que le fonds avait été saisi par la justice, rendant indisponible sa vente comme sa location jusqu'à nouvel ordre. Mais alors, comment l'agent immobilier avait-il pu lui proposer cette affaire ? Qui plus est en lui faisant miroiter une belle ristourne s'il s'acquittait d'une importante avance en espèces ?

Le sang de Paul n'a fait qu'un tour. Revenu à sa voiture, il a immédiatement appelé l'agent pour le confronter. Celui-ci était sur messagerie et Paul a jugé bon de laisser un message neutre, demandant à être rappelé. Il voulait connaître le fin mot de l'histoire. Tard dans la soirée, alors qu'il était rentré chez lui, un appel a retenti. L'agent immobilier s'excusait de ne pas l'avoir joint plus tôt : il avait dû faire « un rapide aller-retour en Italie »… Et de lui lancer : « Alors, cher monsieur, on fait affaire ? Vous avez pu réunir tous les petits papiers que je vous ai demandés ? » L'argent en liquide, bien sûr. Paul était livide. Il n'y croyait pas. N'y tenant plus, il a révélé à son interlocuteur qu'il savait tout de l'affaire et qu'il irait de ce pas voir la police. Silence au bout du fil. La communication a coupé et le lendemain, un message annonçait que le numéro n'était plus attribué.

Par acquit de conscience, Paul a porté plainte pour tentative d'escroquerie au commissariat voisin. Le policier qui l'a reçu avait eu vent de l'affaire. D'autres avant lui avaient essuyé les pots cassés de ces malversations. Il pouvait s'estimer heureux d'avoir échappé à ce coup fourré.

Paul s'est ainsi refait le film à l'envers. La bénédiction à son mariage était déjà quelque chose d'immense. Que son guide ait toqué à la fenêtre plusieurs jours de suite, cela valait aussi le déplacement. Mais le chiffre 4 que j'avais évoqué, et surtout le message incongru : « Tombe dans le panneau ! », il aurait fallu être aveugle pour ne pas voir l'avertissement. Son ange gardien l'avait précédé sur le chemin. Il avait été présent à chaque étape, y compris dans le sens interdit qui désormais faisait sens. Et Paul en avait reconnu les prémices. Que se serait-il passé s'il avait confié l'argent au prétendu agent immobilier ? Comment aurait-il vécu ce dol et comment l'aurait-il expliqué à son épouse, à ses amis ? Mais au-delà de cela, qu'en aurait-il été de sa belle confiance en lui-même, en son guide, en la vie ? Ce type d'épreuves peut terrasser les plus résistants d'entre nous.

Avant de nous quitter, je lui ai demandé s'il pouvait vérifier la règle que je lui avais enseignée : Calme,

Confiance, Conscience. Cette affaire à rebondissements lui avait donné des sueurs froides. Pour autant, je lui ai demandé si l'intervention de son guide confirmait cette règle. Il se sentait calme, oui, détendu et même soulagé d'avoir échappé à une grave mésaventure, le panneau l'en avait averti. En confiance, car il savait d'autant plus désormais qu'il était guidé par son ange gardien qui lui avait évité le pire. L'avenir s'éclaircissait, il pourrait trouver de nouvelles opportunités, et il ferait davantage attention. Enfin, sa conscience s'était élevée, réalisant qu'à l'écoute de son intuition, de son attention à la présence de l'ange, il avait élevé son niveau vibratoire, sa compréhension des choses cachées. Il était ouvert à de nouvelles aventures, sachant qu'à chaque tournant, son guide lui ferait signe. Un véritable associé !

Au terme de cette aventure peu commune, j'ai dit à Paul qu'il n'avait plus besoin de moi. Il avait fait l'expérience par lui-même de la communication avec son ange gardien, et devait maintenant rester éveillé aux signes. Pour lui comme pour vous, bientôt, les fruits étaient mûrs.

Objectif 9

Comprendre qu'il n'y a aucun échec, seulement des progrès

1. Si vous manquez votre cible, c'est-à-dire si vous n'écoutez pas les signes que vous envoie votre ange gardien, ne paniquez pas. Il est toujours temps de se rattraper ou de faire mieux la prochaine fois. Surtout, ne portez pas de jugements sur vous-même. Se tromper n'est pas grave : rentrez dans votre pièce intérieure et confiez-vous à votre guide. Dites-lui ce que vous ressentez dans cet échec qui n'est qu'apparent. Vous serez soulagé d'un poids. Ce n'est pas parce que vous négligez votre guide ou les messages qu'il vous envoie qu'il ne viendra plus vous parler. Ne rajoutez pas d'ego à la situation et essayez de comprendre pourquoi vous avez le sentiment d'échouer.

2. Utilisez le rituel des couleurs. Récupérez des morceaux de tissu, découpez des carrés à coller sur des cartons, téléchargez un nuancier sur votre fond d'écran…, utilisez la couleur qui vous plaît pour vous aider à méditer.

3. Vérifiez régulièrement la règle des trois « C », Calme, Confiance, Conscience. Faites de petits tests à différents moments de la journée, de la semaine. Savoir : votre état actuel est-il calme ou agité ? Est-ce votre Petit Moi ou votre Grand Moi qui est majoritairement à l'œuvre dans vos pensées du moment ? Ensuite, quel est votre état d'esprit ? Êtes-vous confiant dans vos ressentis ? Dans les signes que vous recevez ? Cela vous rend-il serein ? Enfin, lorsque vous recevez un signe (plume, rêve, chiffre, heure

miroir, etc.), sentez-vous une dilatation dans votre plexus solaire ? Une joie intense ? Le sentiment d'une complicité avec l'invisible ? Une conscience accrue ?
Si les trois « C » sont réunis, vous êtes en présence de votre ange gardien.

Derniers conseils en guise de conclusion

Quand, avec un peu de pratique, on perçoit la Présence en soi et en toute chose, on veut retrouver cet état aussi souvent que possible. Cette nouvelle quête devient le but de la vie. On découvre que la Présence sous-tend tout ce qui existe. C'est-à-dire que derrière les réalités matérielles, derrière ce qui est visible, elle *est* et elle *a toujours été*. En nous reliant à elle, c'est comme si nous percevions, tout à coup, l'histoire entière de l'univers et de l'humanité.

L'être est votre réalité profonde, ce qui vous anime. Pure énergie, l'ange gardien est là pour réactiver votre vraie nature, oubliée à la naissance. En cheminant avec lui, vous sortez petit à petit des schémas établis depuis votre enfance. Vous quittez un enchaînement de situations, de sentiments qui vous retenaient prisonnier. Et vous voguez vers davantage de liberté. L'intuition, ce lien de transmission avec votre guide, s'accroît et s'épanouit.

Les signes que vous percevez viennent de ce que vous mobilisez votre attention. C'est dans cette observation nouvelle, dénuée de jugement, que vous le ressentez. Auparavant, vous avanciez presque machinalement dans l'existence, avec quelques moments d'exception, de clarté. Les jours se ressemblaient et vous attendiez que la vie vous apporte du nouveau et du stimulant, dans une sorte de croyance en un grand coup de poker. Tout devrait s'ouvrir, mais quand ? Le bonheur viendrait-il de vos amis, d'une augmentation de salaire, d'une rencontre amoureuse ? Bien sûr, tous ces aspects de l'existence ont leur importance. Il ne s'agit pas de vivre en ermite et de ne rien désirer. La vie matérielle, dans une certaine mesure, est, elle aussi, l'émanation de la Présence. Mais il faut la remettre à sa juste place : en adjuvant de la quête spirituelle, la véritable valeur. Autrement dit, vous devez remettre la Présence au cœur de votre quotidien et non à sa périphérie. Vos projets, vos activités, vos relations sont une occasion de vivre intensément la communication avec votre ange gardien et l'expérience de l'invisible.

Désormais, donc, vous vivez en conscience. Vous confiez tout à votre guide : les joies, les peines, les questionnements. Avant chaque rendez-vous professionnel, pour les études de vos enfants, lors d'un déménagement, vous l'associez à tous les événements, du plus insignifiant au plus sérieux. Avec le temps, il vous semble même que vous fusionnez : lui, c'est une part *augmentée* de vous, de votre âme. J'entends par là que votre ange gardien n'est pas une personne distincte. Il est comme votre double, vous-même, mais dans l'invisible. Il habite la partie haute de votre être, votre Grand Moi. Spontanément, en vous reliant à lui, vous augmentez votre état vibratoire. Vos désirs s'affinent, vous comprenez mieux votre rôle ici-bas. Et par une loi naturelle, vous attirez à vous les personnes du même niveau énergétique que vous.

Longtemps, le mental a recouvert d'un voile épais votre véritable nature. Soucis, peurs pour l'avenir, regrets du passé vous ont fait douter du vrai sens de la vie. Ou bien c'est l'héritage d'une famille sans convictions spirituelles, peu communicante, qui vous a fait douter d'une réalité supérieure. Derrière une attitude agnostique (qui ne veut croire en rien) se cache souvent une blessure jamais soignée, jamais guérie. Les raisons au désenchantement du monde sont multiples : les guerres, le cynisme des gouvernants, l'égoïsme ordinaire. Tout cela peut contrarier durablement les élans naturels de l'âme. C'est pourquoi les rituels sont si importants. Ils vous extraient de la gangue matérialiste : ils vous élèvent. Certains jours, vous serez mieux à même de pratiquer. À d'autres moments, vous n'aurez pas la tête à ça. Peu importe. La relation avec votre guide existe quoi qu'il arrive. Il est là. Affirmez-le sans crainte.

Évitez seulement la répétition machinale, qui serait comme une coquille vide. Si vous ne faites pas attention à placer votre conscience au centre de tous vos gestes, vous risquez de perdre le goût et d'ânonner des paroles sans but et sans effet. Dans la mesure du possible, mettez toujours une *intention* dans votre pratique, même minime. Pour cela, n'hésitez pas à changer vos rituels, inventez-en de nouveaux, revoyez-les, faites-vous plaisir. Vous resterez ainsi alerte.

Enfin, prenez du temps pour vous. Respirez, marchez, débranchez. Libérez de l'espace et du temps pour accueillir votre guide. Ayez soif de lui, de sa présence. Voyez-le en toute chose. La Nature offre une infinité d'occasions de s'émerveiller.

L'éveil spirituel, c'est un peu le Graal des alchimistes : on cherche à percer le réel derrière l'apparence du monde. C'est un mouvement qui va de l'intérieur vers l'extérieur, non l'inverse. Un ancien proverbe dit : « Le maître apparaît quand le disciple est prêt. » Il signifie que tout arrive au moment opportun. Votre guide se manifestera à vous, si ce n'est pas déjà fait, quand il sera temps. Si la manifestation n'est pas sensible, c'est-à-dire si rien de concret ne se réalise, ne doutez pas. Lorsque vous serez prêt, les planètes s'aligneront et des premiers signes feront surface. Que vous le remarquiez ou non, la présence de votre ange gardien est concrète. Il agit pour votre bien. Il est déjà là. C'est votre bonne étoile, ici et maintenant.

Table des matières

3. Développez votre attention… mais sans tension !

4. Établissez des rituels

5. Posez votre question, et n'y pensez plus

Du même auteur

Les thérapeutes du ciel, Michel Lafon, 2019.

Etty, Mon double de lumière, Michel Lafon, 2021.

L'oracle de l'éveil de l'âme : guidances et connaissance de soi, avec Messodie Samama, Nicaise, 2023.

Retrouver Bruno Charvet sur :

www.universbruno.com

@BrunoUnNouveauMessage

BrunoUnNouveauMessage

@brunomessage

BrunoUnNouveauMessage

Composition et mise en pages
Nord Compo à Villeneuve-d'Ascq

PAPIER À BASE DE
FIBRES CERTIFIÉES

LAROUSSE s'engage pour l'environnement en réduisant l'empreinte carbone de ses livres.
Celle de cet exemplaire est de :
450 g éq. CO_2
Rendez-vous sur
www.larousse-durable.fr

Achevé d'imprimer en Espagne
Par Rodesa
Dépôt légal : septembre 2023
333463/01 – 11052451 – août 2023